必ず成功する学級経営

365日の学級システム

中学1年

堀 裕嗣 編著

明治図書

まえがき

　学級経営が年々難しくなっています。

　従来の学校教育の在り方に比して，個に対応することが強く求められるようになったからだと認識しています。特別支援教育の理念や学力向上が求められる風潮と相俟って，従来とは比べものにならないくらい「結果」が求められるようになりました。しかもその「結果」は，かつてのように「いまはこんな感じだけど，この子もいつかわかってくれるさ」と余裕をもって接し，何年か後に「あのとき先生の言ってたことがわかりました」と返ってくるというような，〈長期的な結果〉ではありません。いまこの指導事案で結果を出さなければならない，三日後までに報告すると約束したその期日までに結果を出さなければならない，できるだけ早く結果を出さなければならない，今学期中に結果を出さなければならない，今年度中に結果を出さなければ次年度が不安になる，常にそんな焦りを伴う〈短期的な結果〉です。加えて，その「結果」は，生徒自身はもとより，保護者や管理職も納得するような結果でなければ「結果」の名に値しない，そんな雰囲気さえあります。三十人以上の「個」に対して，果たしてそんなことが可能なのだろうか。そんな疑問さえ湧いてきます。

　教師としてのやり甲斐を抱くことが年々難しい時代になってきています。

　従来の教師の在り方に比して，教師個々の裁量が著しく狭くなっているからだと認識しています。常に一つ一つの指導事案に〈短期的な結果〉が求められ，しかも学校はかつてと比べて〈譲れない一線〉をも強く意識するようになりました。保護者のクレームやマスコミの突き上げは回避したいけれど，学校教育の軸を揺るがすことはできない。サービス業的に接しなければならない場面はあるけれど，健全な市民，健全な社会人，健全な国民を育てるという理念のもと，譲れない一線だけはてこでも譲らない。そうした姿勢です。結果，前線にいる一人ひとりの教員の裁量に任せるなんてことはしていられない。逐一報告を求め，逐一指示を出す。管理職は一般教諭に，教委は校長に，文科省は各地教委に，すべてが同じ構造で動いています。その結果，だれもが背後から矢を構えられながら前線で闘わなければならない，ちょっと譲ればうまくいくのに……という事案であっても譲るわけにはいかない，言葉を尽くして生徒や保護者を説得しなければならない，ほんとうは生徒や保護者の側につきたいような事案であってもその素振りを見せるわけにはいかない，そんな事例も散見されるようになりました。「個のための教育」と「学校・地域行政・国家のための教育」，その矛盾を前線で働く教師自身が身に沁みて感じざるを得ない，年々そんな時代に近づきつつあるのを感じます。多くの教員が口には出さないまでも「管理職に報告して，指示されたとおりに動けば良いんでしょ」，そんなふうに開き直りたくなるのもわからないではありません。

　重度の特別な支援を要する（と思われる）子，情緒的に安定しない問題傾向生徒，強烈なク

3

レーマー保護者，そうした少数の「個」に対応しているうちに，学級集団が安定を欠き，学級運営がままならなくなるという学級担任も少なからず見られるようになりました。こうした事例が「個に対応すること」があまりにも声高に主張された結果として，どこまでも個に寄り添いたいとの良心的な教師のメンタリティと相俟って学級運営が滞り，学級担任として最も大切な仕事である学級集団を育てることを蔑ろにしてしまったことを意味しています。どこまでも「個」に寄り添い，他のことを考えない態度が許されるのは，家庭教師やかかりつけの医者・カウンセラーであって，学級担任のそれではありません。学級担任が100のリソースのうち80を一人の特別な子にかけてしまったのでは，リソースを費やしてもらえなかった生徒たちが不安定になっていくのも当然のことなのです。そこには，私たち学級担任もまた，校長や行政と同じように「譲れない一線」をもつべきであるという構造があります。

　よく考えてみましょう。私たちの仕事は，「個」と「学級集団」であれば，「学級集団」を優先すべき仕事なのではないでしょうか。もしそうでないとしたら，特別支援学校や特別支援学級のように，私たちの仕事も学級の定員を著しく減らし，複数の教師で当たるというシステムに変更されるべきなのです。そして言うまでもなく，現行のシステムはそうではありません。私たちは本来，もてるリソースの8割を集団づくり，学級づくりに費やすべき仕事に就いているのではないでしょうか。「個への対応」を蔑ろにして良いと言うつもりはありません。しかし，特別活動の時間が目に見えて縮小され，会議と事務仕事の多さに放課後に生徒たちと談笑する時間さえもてない昨今にあって，学級担任の第一義が学級づくり，集団づくりであるということが忘れられつつある現状にあるように思えてならないのです。

　もちろん現実的には，リソースを費やさねばならない生徒，リソースを費やさねばならない保護者はいるのが実態でしょう。しかし，「個」に対するネガティヴな対応場面というものは，学級集団が育てば減少するのではないでしょうか。集団が育てば育つほど，集団づくりにかけなければならないリソースの度合いは減っていき，「個への対応」にかけるリソース（少なくとも時間的リソースについては）に余裕が出てくるのではないでしょうか。実は「個への対応」の質の担保さえ，集団の質が高さと大きく関係しているというのが本質なのではないでしょうか。学級担任の仕事とはこのような順番で考えるべきなのではないでしょうか。

　本書は学級経営が難しくなったと言われる昨今にあって，「個への対応」とのバランスを取りながら，安定的に学級経営をしていくための構えをシステマティックに提案することを旨としています。学級システムを構築することで学級運営を安定させるとともに，教師が時間的にも精神的にも余裕がもてるように，最低限押さえなければならない学級経営の勘所を4月から時系列で並べました。また，この方針のもとに中学1～3年を学年別に編集しています。学級組織づくりや学校行事など毎年あるものに関しては，内容が重ならないようにと重点項目を変えて編集していますので，できれば3冊通してお読みいただければ幸いです。

　本書が日々の学級経営に悩む中学校教師たちに少しでも力になるなら，それは私たち執筆した者にとって望外の幸甚です。

堀　　裕　嗣

CONTENTS

まえがき

第1章 中学校学級経営の構成要素
「さきがけ」「しんがり」「アクセル」「ブレーキ」の4視点

1	学級経営の難しさ	10
2	学級経営の矛盾	10
3	生徒たちの多様化	11
4	「さきがけ」と「しんがり」	12
5	「アクセル」と「ブレーキ」	14
6	マトリクス・チャート	15
7	本書の構成	16
8	再び,学級経営の難しさ	17

第2章 必ず成功する学級経営　365日の学級システム　中学1年

本書では,教師が前面に出て生徒集団を引っ張る形の指導の在り方を「さきがけ」♥
教師が一歩退き,後ろに控えることで生徒集団を見守る形の指導の在り方を「しんがり」♡
教師が生徒集団の成長を促すために,生徒主体の動きを促すような指導の在り方を「アクセル」★
教師が生徒集団の規律を維持するために,生徒の行動を規制するような指導の在り方を「ブレーキ」☆
として,各項ごとにその5段階マトリクス・チャートを紹介しています。

1 入学式　さきがけ♥4　しんがり♡1　アクセル★3　ブレーキ☆2

1	入学式の目標	21
2	入学式の手立て	21

🌱3月:新学級スタートのためのイメージ期間
🌱4月・入学式まで:新学級の準備　🌱入学式当日:生徒・保護者とふれあう

3	入学式指導の意義	25

2 学級組織　さきがけ♥4　しんがり♡2　アクセル★2　ブレーキ☆4

1	学級組織づくりの目標	27
2	学級を機能させるための手立て	27

🌱学級組織づくりの際　🌱学級組織づくり後

3	学級組織の意義	31

3 当番活動　さきがけ 5　しんがり 1　アクセル ★ 2　ブレーキ ☆ 4

　　1　当番活動の目標 ………………………………………………… 33
　　2　当番活動を指導するための手立て ……………………………… 33
　　　　🌱給食編　🌱清掃編
　　3　当番活動を指導することの意義 ………………………………… 37

4 朝の会・帰りの会（短学活）　さきがけ 4　しんがり 2　アクセル ★ 4　ブレーキ ☆ 2

　　1　短学活の目標 …………………………………………………… 39
　　2　短学活指導で必要な手立て ……………………………………… 39
　　　　🌱システムを理解させる　🌱雰囲気をつくる　🌱人とつながる方法を学ぶ
　　3　短学活指導の意義 ……………………………………………… 43

5 学習指導　さきがけ 5　しんがり 5　アクセル ★ 4　ブレーキ ☆ 4

　　1　学習指導の目標 ………………………………………………… 45
　　2　学習指導の手立て ……………………………………………… 45
　　3　学習指導の意義 ………………………………………………… 49

6 教室環境　さきがけ 4　しんがり 2　アクセル ★ 4　ブレーキ ☆ 2

　　1　教室環境の目標 ………………………………………………… 51
　　2　教室環境の手立て ……………………………………………… 51
　　　　🌱始業式前：生徒を迎える準備　🌱始業式後：生徒の手を入れる
　　3　教室環境の意義 ………………………………………………… 55

7 旅行的行事　さきがけ 3　しんがり 4　アクセル ★ 3　ブレーキ ☆ 3

　　1　旅行的行事の目標 ……………………………………………… 57
　　2　旅行的行事実施の手立て ………………………………………… 58
　　　　🌱事前準備段階　🌱旅行的行事当日　🌱事後指導
　　3　旅行的行事の意義 ……………………………………………… 61

8 体育的行事　さきがけ 4　しんがり 2　アクセル ★ 4　ブレーキ ☆ 4

　　1　体育的行事の目標 ……………………………………………… 63
　　2　体育的行事の手立て ……………………………………………… 63

❤学級の雰囲気づくり（事前指導）　❤当日〜これからの学校生活へ向けて

3　体育的行事の意義 ……………………………………………………………67

⑨ 通知表　　さきがけ❤2　しんがり♡4　アクセル★5　ブレーキ☆2

1　通知表の目標 …………………………………………………………………69

2　通知表作成の手立て …………………………………………………………69

❤1学期：長所発見，肯定的評価　❤2学期：1学期からの成長点

❤学年末：さらなる成長点

3　通知表の意義 …………………………………………………………………72

⑩ 装飾活動　　さきがけ❤4　しんがり♡2　アクセル★4　ブレーキ☆1

1　装飾活動の目標 ………………………………………………………………75

2　装飾活動で必要な手立て ……………………………………………………75

❤体験してわかる喜び　❤制作物の選択

3　装飾活動の意義 ………………………………………………………………79

⑪ 合唱コンクール　　さきがけ❤4　しんがり♡2　アクセル★2　ブレーキ☆3

1　合唱コンクールの目標 ………………………………………………………81

2　合唱コンクール指導の手立て ………………………………………………81

❤1学期：「構え」をつくる　❤2学期：合唱をつくる

3　合唱コンクール指導の意義 …………………………………………………85

⑫ 最後の学級活動　　さきがけ❤4　しんがり♡2　アクセル★4　ブレーキ☆2

1　最後の学級活動の目標 ………………………………………………………87

2　最後の学級活動の手立て ……………………………………………………87

3　最後の学級活動の意義 ………………………………………………………91

⑬ 学級 PTA 懇談会　　さきがけ❤3　しんがり♡4　アクセル★2　ブレーキ☆4

1　学級 PTA 懇談会の目標 ……………………………………………………93

2　学級 PTA 懇談会の手立て …………………………………………………93

❤1学期：空気をつくる　❤2学期：空気を感じさせる　❤3学期：空気を入れ替える

3　学級 PTA 懇談会の意義 ……………………………………………………97

14 学級通信　さきがけ♥4　しんがり♡1　アクセル★4　ブレーキ☆4

1　学級通信の目標 ……………………………………………………………… 99

2　学級通信を活用するための手立て ……………………………………… 99

　🌱情報発信としての活用　🌱レイアウト　🌱学級の軌道修正に使う

　🌱過去の自分が今の自分を助ける　🌱視覚的効果　🌱読み聞かせる

　🌱アリバイとして使う　🌱同僚との情報共有

3　学級通信の意義 ……………………………………………………………… 103

15 キャリア教育　さきがけ♥3　しんがり♡3　アクセル★4　ブレーキ☆2

1　現在のキャリア教育の問題点 …………………………………………… 105

2　キャリア教育の目標 ……………………………………………………… 106

3　キャリア教育を指導するための手立て ……………………………… 106

4　キャリア教育を指導することの意義 ………………………………… 108

あとがき

第1章

中学校学級経営の構成要素

第1章　中学校学級経営の構成要素

「さきがけ」「しんがり」
「アクセル」「ブレーキ」の４視点

1　学級経営の難しさ

　学級経営は難しい——だれもがそう感じています。

　世の中に学級経営が簡単だと思っている教師は一人もいません。しかも，その難しさは年々高まっているように思えます。世の中が学校教育に求めるものの質が上がり，教師の側から見れば年々学級経営のハードルが高くなっているのです。

　ところが，だれもが難しいと感じている学級経営なのに，その「難しさ」が何に起因するのか，その「難しさ」がどこにあるのか，その「難しさ」とは何なのかということになると，多くの教師が意識していないのではないかと思われます。その「難しさ」の質を分析したことのある教師は，実はほとんどいないというのが現実なのではないでしょうか。

　この文章を読むのをちょっとだけ休んで，「学級経営の難しさ」とは何なのか，それを考えてみてください。そしてできれば，それを言葉にしてみてください。きっとその作業を始めた途端に，私たちはそれが膨大な難問であることに気づくはずです。

2　学級経営の矛盾

　学級経営の難しさはひと言で言うなら，その営みが「矛盾の巣窟」であることに起因しています。

　例えば学校行事。生徒たちに企画・運営を任せても，なかなか良いアイディアは出ません。何日も続けて放課後に企画会議をもちましたが，みんなが「これは！」と思うような企画が浮かびません。３日目にもなると，企画会議メンバーの何人かは飽きてしまっています。飽きてきているというよりも，「どうせまとまらないのだから……」と徒労感を感じ始めているのです。４日目にはとうとう，何人かが家庭の用事を理由に欠席，いろんな意見を出しながら企画会議に一所懸命に参加してきた子に対して，「あいつが話を複雑にするからなかなか決まらないんだよな」という陰口も聞こえてきます。結局，１週間ほどかけて企画がなんとか決まったものの，教師から見ると質的には中の下……。こんなことなら，最初から教師主導で企画会議を進め，実質的に教師の案を通して質の高い企画にしとけば良かった……。教師はそんなことを感じています。

　行事の当日を迎えると，教師主導で企画した学級は次々に質の高い発表が展開されます。そ

れに比べ，生徒たちに試行錯誤させながら企画運営してきた学級は，生徒たち本人は楽しんでいる様子に見えるものの，どうも自己満足に陥っているにおいがぷんぷんと漂っています。教師主導でこの行事に取り組んでいた学級の生徒たちも，活き活きとした表情で行事に参加している。教師主導でも生徒主体でも，結果的にはそんなに変わらないのではないか……。教師はそんなことさえ考えてしまいます。

　いかがでしょうか。中学校教師なら一度は迷い込んだパラドクスではありませんか？

　行事運営に限らず，学級経営の様々な要素を教師主導で進めるのか，生徒主体で進めるのか。教師はこの矛盾に苛（さいな）まれます。いかなる教師もこの矛盾から自由ではいられません。

　教師主導で進めれば「質」が担保されます。しかも教師としては，自分が勉強すれば勉強するほど，それを実現し具現化することができるようになります。勉強した分だけ成果が上がるようになるわけですから，教師は自己実現に近づくこともできます。教師としてのやり甲斐も感じられるようになります。

　ところが，そういうやり方をしていては，生徒たちが育ちません。少なくとも生徒たちの成長が遅くなってしまいます。教育の究極の目的は「自立」です。自分の手で，自分たちの手でいろんなことにチャレンジし，一つ一つ克服していく。そういう体験のなかでしか，「自立」に向かうことはできません。それを熟知しているからこそ教師はこの矛盾に苛まれるわけです。

　おまけに最近の学校はとても忙しく，放課後活動をする時間もほとんどありません。生徒たちに「自立」を促すような活動を保障しようにも，なかなかその時間を確保できないという現実もあります。

　まったく困ったものです。なんとかならないのでしょうか。

3　生徒たちの多様化

　言うまでもなく，最近の社会は多様化しています。生徒たちの体験は，これまで育ってきた各家庭によってまちまちです。教師が見たことも聞いたこともないようなことに興味をもって一所懸命に取り組んでいる生徒がいる一方で，教師が「中学生ならこのくらいのことは体験しているだろう」と思うようなことさえまったく体験していないということもよく見られます。

　そんなにも社会が多様化しているというのに，学校教育は70年代，80年代とそれほど変わらずに運営されています。登校したら朝の会があり，授業が4時間行われ，給食を食べたら昼休み，さらに午後から2時間の授業，帰りの会があって清掃，放課後は部活動，その繰り返しです。世の中には面白いイベント，みんなが熱中するイベントがたくさんあるというのに，学校は相も変わらず陸上競技とメジャーな球技くらいしか体育的行事はありません。文化的行事も演劇や展示，装飾，合唱などがあるだけです。

　私はこれらの1日のプログラムの在り方や行事の在り方を否定しているのではありません。

第1章　中学校学級経営の構成要素　11

社会が多様化し，生徒たちの体験も多様化しているなかで，実は演劇的なものといえば小学校の学習発表会しか見たことがない，合唱といえば小学校での体験だけ，そんな生徒たちが増えているのだと言いたいのです。かつて学校に時間的な余裕があった時代には，学校に地元の劇団を呼んで公演してもらうとか，学校に地元の合唱団や交響楽団を呼んで演奏してもらうとか，そうした行事がたくさんありました（札幌では一般に「芸術教室」と呼ばれていました）。生徒たちには，いわば「ホンモノ」を見る機会が保障されていたわけです。

　しかし，現在はどうでしょう。そうした「ホンモノ」に触れる機会は授業時数確保のために次々に削減され，いまではほとんどありません。生徒たちの共通項はかろうじてテレビ番組ですが，テレビの視聴率もどんどん下がるばかり。生徒たちが夢中になっているインターネット情報は自分で情報を選んで取得する媒体ですから，これは多様性を拡大させることはあっても，質の高いものを見たり聞いたりという体験を保障するものではありません。その意味では，学校行事，特に文化的行事の運営においては，まずは質の高いものを見せる，或いは質の高さとは何かを理解させる，そういうことが必要なのかもしれません。

4 「さきがけ」と「しんがり」

　以上を踏まえて学級経営を考えるならば，学級経営における教師の姿勢として，生徒たちの前面に出て指導しなければならない場面と，生徒たちの後ろに引いて，或いは生徒たちの後ろに控えて，生徒たちに主体的な活動を担保することによって成長を促す場面と，ふた通りがあるのではないでしょうか。
「そんなことはわかってるよ」
「そんなことはあたりまえだよ」
「それが難しいんじゃないか」
　こんな声も聞こえてきそうです。しかし，この教師の姿勢の違いを無意識に行うのではなく，意識的に行うことが必要なのではないか。本書の提案の一つがこれなのです。

　例えば，同じ合唱コンクールという行事であっても，１年生では合唱の練習の仕方を指導したり毎日ビデオを撮って反省会を開いたりと，教師主導で行事の取り組み方の基盤をつくることに重きを置く。２年，３年と学年が上がるにつれて生徒主体の部分を増やしていく。そのために，１年生でも生徒主体の「さわり」だけは経験させておかなければならない。その方策には一般的にＡとＢとＣという三つがある。こんなふうに考えるわけです。要するに，同じ行事であっても，学年によって指導姿勢を変えるわけですね。

　また，同じように１年生の合唱コンクールの指導であっても，その指導時期によって教師の姿勢を細かく変えていくということも考えられます。合唱練習への取り組みが３週間あったとして，最初の１週間程度は指揮者・伴奏者・パートリーダーに主体性を発揮させてみる。そこ

でうまくいかない点を整理させ，次の週に３日間程度，教師が前面に出て指導し，方向性を定める。その後，最後の曲想づくりの段階では，生徒主体の練習体制をつくって教師は再び後ろに下がっていく。こんなふうにも考えられるかもしれません。

　本書では，この教師主導・生徒主体という二つの方向性における教師の基本的姿勢，在り方をそれぞれ「さきがけ的指導」「しんがり的指導」と名付けました。

【さきがけ】　教師が前面に出て生徒集団を引っ張る形の指導の在り方。
【しんがり】　教師が一歩退き，後ろに控えることで生徒集団を見守る形の指導の在り方。

　軍隊の先鋒を「さきがけ」と言いますが，この学級集団を引っ張るタイプの教師の在り方は特に説明を要しないだろうと思います。問題は「しんがり」であるわけですが，これは鷲田清一さんの次の例が最もわかりやすいだろうと思います。

　あるいは，登山のパーティで最後尾を務めるひと。経験と判断力と体力にもっとも秀でたひとがその任に就くという。一番手が「しんがり」を務める。二番手は先頭に立つ。そしてもっとも経験と体力に劣る者が先頭の真後ろにつき，先頭はそのひとの息づかいや気配を背中でうかがいながら歩行のペースを決めるという。要は「しんがり」だけが隊列の全体を見ることができる。パーティの全員の後ろ姿を見ることができる。そして隊員がよろけたり脚を踏み外したりしたとき，間髪おかずに救助にあたる。　　　　　　　　　（『しんがりの思想──反リーダーシップ論』角川新書，2015）

　担任教師は学級において，集団統率能力においても，経験や判断力においても最も「秀でたひと」です。その担任教師が「しんがり」にいて，学級リーダー（二番手）を先頭に立たせる。学級リーダーは反社会型生徒や非社会型生徒に配慮しながら，その息づかいや気配を察知しながら運営していく。教師は学級集団全体を常に見渡し，彼らの後ろ姿を見ている。そして学級集団のだれかが集団の中でよろけたり集団から脚を踏み外したりしたときには，間髪を置かずに救助にあたる。要するに，「しんがり的指導」とは，こうした担任教師像です。

　学級担任は自分が前面に立たねばならない時期には「さきがけ」型教師として学級を引っ張り，いまは生徒たちに任せて成長を促すべきだと判断したときには「しんがり」型教師として後ろに控える。これを臨機応変に使い分け，学年が上がるにつれて基本的には「さきがけ」から「しんがり」へと姿勢を後退させていく。こうしたところに教師の在り方があるのではないか。私たちはそう主張したいわけです。

5 「アクセル」と「ブレーキ」

　もう一つ，学級担任が抱える大きな矛盾があります。学級担任が抱えるというよりも，学校教育が抱えると言った方が良いかもしれません。

　それは生徒たちに「頑張れ！もっとやれ！」「自分の頭で考えて主体的に行動しなさい！」という「促進」の教育機能と，生徒たちに「これをしてはいけない！」「正しく行動しなさい！」という「禁止」の教育機能と，指導事項に両面の機能があるという点です。あまりにもあたりまえすぎてなかなか意識されることがないのですが，実はこの矛盾こそが教師の両手両足を縛る源であると言っても過言ではありません。

　学級担任であることは，もっと言うと教師であるということは，生徒たちを前にして「アクセル」と「ブレーキ」を同時に踏みながら指導することを意味しているわけです。当然，ほんとうは「アクセル」を踏み続けたいのに，たった一人の生徒のために「急ブレーキ」を踏まざるを得ず，その「急ブレーキ」がこれまで「アクセル」を踏み続けて順調に走行していたペースを乱してしまう，なんていうことが頻繁に起こります。また，基本姿勢としては「ブレーキ」を踏むことで進めてきた生徒指導において，たった一人の保護者のクレームによって「ブレーキ」と「アクセル」の難しいバランスを取らざるを得ない，などということも起こります。結果，教師はいつ歩行者が飛び出してくるかもしれない，いつ自転車が出てくるかもしれないと予想しつつ，夕方暗くなって歩行者が見えづらくなってきているから気をつけながら運転しなければならないなどと状況を判断しつつ，いつ何が起こっても良いように「アクセル」と「ブレーキ」のバランス感覚を身につけなければならない，ということになります。

　本書では，この励まし中心・禁止中心という二つの方向性における教師の指導のベクトル，方向性をそれぞれ「アクセル的指導」「ブレーキ的指導」と名付けました。

【アクセル】　教師が生徒集団の成長を促すために，生徒主体の動きを促すような指導の在り方。

【ブレーキ】　教師が生徒集団の規律を維持するために，生徒の行動を規制するような指導の在り方。

　教職に就いて数ヶ月もすると，教師という仕事の本質がこの矛盾する二つのベクトルのバランスを取ることにあるということが見えてきます。しかも，場合によっては，ちょっとした判断ミスが致命的なミスとして後に大きな問題になり得ることも見えてくるものです。とすれば，場合分け思考をもとにしたシミュレーションを重ねることによって，こういう場合にはこういう判断……という原理・原則をもっておくことが，今日にとって非常に重要だと言えます。

6 マトリクス・チャート

　そこで私たちは、「さきがけ的指導」と「しんがり的指導」、「アクセル的指導」と「ブレーキ的指導」の四つが、学級経営においてどのように関連し、それぞれがどのように機能して運営されるべきなのかを分析することにしました。もちろん、教師主導を旨とする「さきがけ的指導」と生徒たちを規制することを旨とする「ブレーキ的指導」には親和性がありますし、生徒主体を旨とする「しんがり的指導」と生徒たちの成長を促すことを旨とする「アクセル的指導」にも親和性があります。

　しかし、学級経営とはもう少し複雑なもので、教師主導で生徒たちの心に火を点けようとアジテーションをかけるとか（「さきがけ的指導」かつ「アクセル的指導」）、教師が一歩引いて世の中のルールについて生徒主体で考えてみるとか（「しんがり的指導」かつ「ブレーキ的指導」）いったことがあるものです。ましてや、学級経営における諸要素（学級組織の運営や当番活動、席替えなど）を決める場合や学校行事への取り組みなどにおいては、この四つのベクトルが複雑に絡み合うことは、数年の教職経験をもてば、だれもが理解できるところです。

　私たちはこのような考え方に基づき、右のようなマトリクス・チャートをつくって、学級経営の諸要素、学校行事の運営について、学年ごとに分析してみることにしました。

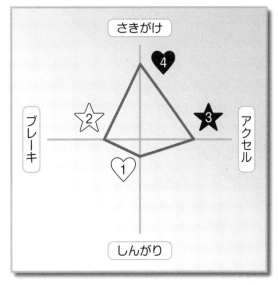

　マトリクスは縦軸を「さきがけ的指導ーしんがり的指導」、横軸を「アクセル的指導ーブレーキ的指導」とし、上方を「さきがけ」、下方を「しんがり」、右方を「アクセル」、左方を「ブレーキ」と取ります。

　そして、各々の値が高ければ高いほど、教師の指導としてはその方向の要素が強くなることを意味します。4点を結んだ四角形が左上に大きくなればなるほど、その指導は教師主導の規制を旨とした指導ということになりますし、右下に大きくなればなるほど、その指導は生徒主体の活動を重視した指導の在り方ということを意味します。前者は全体主義に近づきますし、後者はどちらかといえばサービス業的なイベントに近づくとも言えるかもしれません。

　また、4点を結んだ四角形の面積が広ければ広いほど、教師の指導の在り方は困難であることを意味しますし、生徒たちのレディネスが必要とされるということも言えると思います。総じて、学年が上がるに従って、左上方の要素から少しずつ右下へと移行していく、というのが基本的な原則ということになります。

7 本書の構成

　次章から，中学校学級経営を構成する諸要素，行事の運営について語っていきますが，その
すべては次のような構成を採っています。

🕮 マトリクス・チャートによるその構成要素，学校行事の全体像

　まず冒頭に「さきがけ度」「しんがり度」「アクセル度」「ブレーキ度」の各々について，マ
トリクス・チャートを用いて，その全体像をおおまかに説明します。教育課程上の位置づけ，
生徒たちを指導していくうえでの留意点，学校行事であればその行事の特徴などが記述され，
その後の解説を読んでいくための方向性を提示する役割をもっています。

　読者はマトリクス・チャートを見ながら，それぞれの学級経営の構成要素，学校行事に対す
る自分のイメージと比較して，何が共通しているか，何が異なっているのかを考えてみると，
その後の解説を読むことがさらに有意義になるかもしれません。

🕮 担任力チェックリスト

　次に「担任力チェックリスト」と称して，学級担任がその学級経営要素，その学校行事を運
営していくうえで，どのようなスキルやキャラクター，人間関係を身につけていなければなら
ないかについて，できるだけ具体的に記述します。

　スキルやキャラクターについては，読者は「自分は自信がある」「自分には自信がない」と
いうことがあると思いますが，職員室の人間関係づくりについては日常的な心構えとして，い
かなる教師ももつべきだと考えて提示しています。学級経営を行っていくうえで，重要な指標
として捉えていただければと思います。

🕮 構成要素，学校行事の目標

　学級経営を構成する要素，或いは学校行事の目標を記述します。ただ単に教育課程上の目標
というよりも，その営みによって当該学年で育てたい力を明示するとともに，その際に教師が
留意しなければならないこと，構えとしてもたなければならないことについて，ごく簡単にで
はありますが解説します。

　学級経営に限らず，学校教育を構成するすべての営みは，目標に沿ってその手立てを考えな
ければなりません。最近は，方法論ばかりを追う教師が増えてきていますが，「目標」（＝目
的）のないところに「手立て」（＝方法）はあり得ません。その意味で，学級経営を構成する
要素一つ一つについて，その「目標」（＝目的）をしっかりと捉えることが必要なのです。

🕮 構成要素，学校行事の具体的手立て

　そして，いよいよ具体的な手立てです。学級経営を構成する要素ならば留意点や心構え，方
法をできるだけ具体的に，また，学校行事の運営であれば基本的に時系列でどのように取り組
んでいけば良いのかを具体的に解説していきます。もちろん，この欄に最も多くの紙幅を割い
ています。

16　「さきがけ」「しんがり」「アクセル」「ブレーキ」の4視点

それぞれの手立ての解説は様々な観点から様々に論じることになりますが，そのそれぞれについて，その取り組みが「さきがけ的指導」の要素が強いのか，「しんがり的指導」の要素が強いのか，また，「アクセル的指導」なのか「ブレーキ的指導」なのかを明示していきます。さらには，「さきがけ―しんがり」「アクセル―ブレーキ」のバランスをどのように取れば良いのかについてもできるだけ解説します。

構成要素，学校行事の意義

最後にまとめとして，その構成要素，学校行事の意義について簡単に解説します。そのような具体的手立てを採るのにはどのような理由があるのか，教育課程上どのような位置づけがあってそのような手立てが採られるのか，また，当該学年の指導の特徴としてどのように位置づけられるのか，こういったその構成要素・学校行事の位置づけに基づいた意義が語られるわけです。こうしたことも「目標」（＝目的）と並んで，教師が常に意識しなければならない重要な視点です。是非，注意深くお読みいただければと思います。

8 | 再び，学級経営の難しさ

学級経営は難しい──そう冒頭に述べました。

だれもが難しいと感じている学級経営なのに，その「難しさ」が何に起因し，その「難しさ」がどこにあり，その「難しさ」が何であるのか，多くの教師が意識していないとも述べました。 これを把握し，理解するためには，教員生活のなかで一度，学級経営を様々な要素に分解し，その一つ一つについて深く考えてみるという作業がどうしても必要です。要するに，学級経営をおおまかにイメージで捉えるのではなく，細分化して分析してみることが必要となるわけです。

今回，本書を執筆するために，私たちもかなり時間をかけて一つ一つの構成要素について話し合いを重ねてきました。ときには簡単に意見が一致し，ときには何度も議論を重ねて結論に到達しもしました。こうした営みのうえに成立した本書ですが，読者の皆さんにとって，本書が少しでも学級経営を考えるうえでの糧となるのであれば，私たちとしてもそれは本望とさえ言えます。本書を手に取っていただいた皆さんに，改めて御礼を申し上げます。

では，次章より，学級経営の構成要素について，また学校行事の運営について，具体的に述べていきたいと思います。

（堀　　裕嗣）

第2章

必ず成功する学級経営
365日の学級システム

中学1年

1 入学式

　新年度は子どもたちとの出会いの季節です。皆さんも「初めての担任だ」「今年はどんな学級になるのだろう」など様々なことを考え，緊張しているのではないでしょうか。しかし，生徒たちは「中学校で頑張っていけるのだろうか」など，我々以上に緊張しているのです。ですから，担任やクラスメイトとの出会いは，教師が思っている以上に重要なことです。担任が出会いを上手に演出することができれば，1年間の学級経営はスムーズに進むでしょう。逆に失敗すれば，ルール違反などの軽いトラブルから，不登校生徒への対応まで，様々な苦労をすることが考えられます。

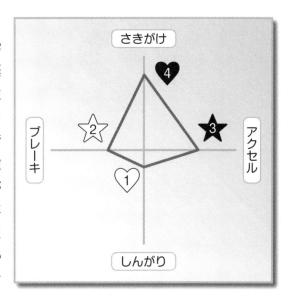

担任力チェックリスト

- ☐ こういう学級をつくりたいという考えをもっているか
- ☐ 生徒が生活しやすくなるために何が必要かを予測できるか
- ☐ 生徒の顔や名前を覚え，特徴を捉えることを得意としているか
- ☐ 自分のすべきことをリストアップし，計画的に作業することを得意としているか
- ☐ 短時間で連絡を済ませるための工夫を考えようとしているか
- ☐ 入学式が生徒・保護者にとって，どれだけ重要な行事であるかを意識しているか
- ☐ 学級に明るい雰囲気をつくるための役者になりきれるか
- ☐ （生徒・保護者・同僚と）雑談することを苦としていないか
- ☐ アドバイスやお願いなどをいつでももらえるような，良好な人間関係を築けているか

1 入学式の目標

　入学式とその後の学活では，「生徒に中学校に対する不安を払拭し，安心感をもってもらうこと」を目標にしましょう。生徒は，担任やクラスメイトを選べません。さらに，クラス替えまでの１年間は，嫌でもこのクラスで生活をしなければいけません。ですから，我々以上に期待や不安を抱えて中学校に来ることになります。入学式や年度初めの学活の時間に交友を深める活動をすることで，そのような生徒に「高橋さんとなら仲良く頑張れそうだな」「１日楽しかったな。明日も頑張ろう」と安心感をもたせます。この経験の積み重ねが，学級に入れない不安を減らし，不登校になる可能性を少しでも抑えることにつながります。また，お互いを知り合う活動を多く行うことで，問題傾向や支援が必要な生徒に対する理解も深められます。その結果，悪口やいじめなどのトラブルを減らし，学級内で協力し合う雰囲気をつくり出すこともできるのです。

2 入学式の手立て

🌱3月：新学級スタートのためのイメージ期間

❶どのような学級にしたいのかを考える

　入学式翌日は，「中学校や学級のルールを確認する」「当番活動の方法を教える」など，学活で終わる学校が多いと思います。中でも１時間目は，「こういう学級をつくりたい」「１年後にこういう生徒になってほしい」など，自分の学級像を自己紹介とともに語る時間になります。決意表明ですから，話したことは１年間変えられません。時間に余裕がある３月のうちに考えておくのがよいでしょう。教職経験がある場合はこれまでの反省とそれを活かす計画を，初めての担任の場合は自分の生徒・学生時代を思い出し，どういう学級が過ごしやすい学級なのかを考え，まとめましょう。　　　　　　　　　　　　　さきがけ❤・ブレーキ☆

❷学級に必要な物品を揃える

　入学式までは連日会議が続きます。学級に必要な物は，新年度前に揃えることをお勧めします。転勤や新採用で赴任する場合，３月末に事前打ち合わせがあります。教室を見せてもらい，「これを置こう」「この掲示物があれば便利だな」などと計画を立て，事前に作成・購入をしておけば，４月からは学級運営に集中することができます。新採用の先生は，100円ショップなどを巡り「一袋に入っている数が多い店」「デザインがオシャレな店」などを調査しておく程度で構いません。給与をもらってから始めましょう。私の場合，①教科連絡用の教科名マグネット，②当番活動の流れを書いたホワイトボード（氏名マグネットを貼り付け，仕事内容と担当の確認をさせる），③余ったプリントや日直に運んでほしい物を入れるカゴ，④クリアファイル（欠席生徒への配付プリントを入れ，紛失を防止する）を用意しています。　さきがけ❤

🌱 4月・入学式まで：新学級の準備

❶ 生徒の名前を覚える

4月最初の学年会では担任する生徒を決めます。決まったら，小学校の先生に写真を見せてもらい，顔と名前を一致させるとよいでしょう。入学式の日に「おはよう斉藤さん。中学校は楽しみ？」など，名前で話しかけてもらうと「この先生，もう名前を覚えてくれているんだ」と嬉しくなるものです。「個人情報の問題」「複数の学校から来る」など，見るのが困難な場合は，名前を覚えるだけでもよいです。新入生名簿や入校票を使って覚えましょう。また，準備期間に行われる名札や健康観察記録などの仕分け作業を活用する方法もあります。カルタ取りの要領で，読み手と取り手に分かれ，「〇〇君」「はい！△組です」と行うと，覚えるだけでなく，先生方との仲も良くなるかもしれません。

さきがけ❤

❷ 当日用 To Do リストをつくる

入学式の日は，やらなければならないことがたくさんあります。「出席番号・身長順の確認」「教科書・名札・プリントの配付」「提出物の回収」「入学式の礼儀作法の確認」……。これらの内容を1時間程度の学活で終わらせなくてはいけません。ですから，当日の時程を見ながら，どういう順番で取り組むのがよいか作戦を立て，プリントにまとめておくのです（これを To Do リストと言います）。学年主任の先生が作成してくれる場合もありますが，自分でも作成することで，頭の整理・伝える内容の精査・説明の工夫などができます。私の場合は，学級通信第1号に To Do リストを掲載し，通信をチェックしながら学活を進めます。①連絡忘れの防止，②説明が不要な連絡の時間短縮，③保護者にも同じ連絡ができる，④ To Do リストを生徒に作らせるときの見本にさせられるなどの利点があるからです。

さきがけ❤

❸ 学級開きを準備する

学級開きが学級経営の成否のカギになるのは，すでに述べた通りです。そのとき意識すべきことは，「学級の全員が声を出す場面をつくる」「学級が楽しいと思わせる」ことです。例えば自己紹介をするとき，「私は，北小学校から来た佐藤です。よろしくお願いします」もよいですが，事前準備の時間を取らなくてはいけません。また，お調子者などキャラのある生徒がいないと事務的な挨拶が続き面白くなりません。ゲーム要素を取り入れたり，作業に取り組ませたりすることで，面白いだけではなく，心のふれあいも深める活動にすることができます。インターネットで「エンカウンター」を検索すれば，様々な実践例が出てきます。あなたの性格（盛り上げるのが得意，生徒と一緒に盛り上がりたい，淡々と作業をさせるのが好きなど）を考えながら，実践するとよいと思います。

さきがけ❤・アクセル★

❹ 学級ルールを制定する

なぜスポーツやゲームは時間を忘れてしまうくらい楽しめるのでしょうか？　それは，「ルールがあるから」です。では，スポーツにルールがなかったらどうなるでしょうか？　相手をケガさせたり，ケンカが起きたりするのは間違いありません。全員が安心して生活するために

はルールが必要なのです。ルールをつくるときには，「担任がいなくても生活できる集団」を意識しましょう。小学校とは違い，中学校は教科担任制です。授業以外で確実に学級に居られる時間は，朝・昼・帰りの３回しかありません。また，中学校卒業後に就職を選ぶ子もわずかですがいます。社会に出てからは，困ったときは上司の判断を仰ぎ，それ以外は自分の判断で動くことになります。今のうちから少しずつ慣れさせることも大切です。

　ルールは，①生徒が動きやすくなる，②簡潔でわかりやすい，③必要最小限の数にすることを意識しましょう。ルールが少ないと不測の事態が気になるかもしれませんが，たくさんあっても覚えるのに時間がかかるだけです。ルールにないことが起きた場合には，担任が新たに制定すればよいのです。また，余程のことが起きない限り，ルール変更が起きるのは好ましくありません。特に，当番活動のルールは学年の先生に話を聞き，統一ルールで行いましょう。進級時に「再指導が必要」「いつのルールだったのかわからなくなる」などの問題が発生します。さらに，経験を積んでいる教師に聞いたことで，より細かいところまで配慮されたルールができるはずです。

しんがり♡・ブレーキ☆

❺教室環境を整備する

　春休み中に部活動などで教室を使っている場合があります。入学式までに教室をしっかりと清掃しておきましょう。また，黒板には入学式の説明や座席表を拡大コピーして貼り付けておきます。当日の説明の手間が省けるだけでなく，生徒がプリントと黒板を見比べながら確認できるので一石二鳥です。

ブレーキ☆

🌱入学式当日：生徒・保護者とふれあう

❶登校時間よりも早めに教室に向かう

　赴任１日目，あなたは緊張した面持ちで職員室へ入ってきたと思います。それは，生徒にとっても同じことです。「この席で合ってるよなぁ」「仲良しの伊藤さんと離れちゃった」「担任の先生は怖いかなぁ」など様々な不安に駆られています。少し早めに教室へ向かい，廊下ですれ違う生徒に明るく，笑顔で「おはよう」「小林さんだね。緊張してる？」など世間話をしたり笑わせたりしましょう。これだけでも「この先生は明るく，話しやすそうだ」「面白い先生だな」と生徒の不安要素が一つ減るはずです。

さきがけ♥・アクセル★

❷「わかりやすい指示」と「褒めること」を心がける

　説明書のように「専門用語の連続」「１文が長い」場合，何が言いたいのかわからなくなることがあります。文章であれば好きなだけ読み直すことができますが，説明を何度も聞き直すことはできないでしょう。まして，１年生は初日の緊張状態の中ですべてを理解しなくてはいけません。ですから，教師側で指示を通りやすく工夫する必要があります。ポイントは「指示を短く，一つずつ出す」「とにかく経験させる」ことです。起立や着席のタイミング指導も，短い言葉で１度だけ説明をし，実際に行動させます。遅れていればやり直しをしたり，フェイ

第２章　必ず成功する学級経営　365日の学級システム　中学１年　23

ントやフェイクを入れてみたり，様々な方法で確認することで身体が勝手に覚えてしまいます。楽しませながら指導することで，生徒は「この先生面白いな」とあなたに引き込まれていくはずです。さらに「今度は，どんなネタでくるんだろう」と興味をもち，話を聞く生徒も増えます。勿論，出来が良いときはしっかりと褒めます。話を聞いていないと感じたときは毅然とした態度で注意しましょう（怒る必要はありません）。生徒は我々が思っている以上に教師の様子を敏感に察知しているものです。

`アクセル★`

❸ 入学の記念を残す

多くの保護者だけでなく，小学校では欠席が多かった生徒も入学式には来ることが多いです。全員が揃うチャンスを逃してはいけません。副担任の先生に協力をお願いして，記念写真を撮るとよいでしょう。中学校生活への意気込みをポーズで表し，並び方など気にせずに撮りましょう。学級の掲示物や学級通信の記事として利用できるのは勿論のこと，名前と顔の一致や指導上の不安をもつ生徒と交流するための資料など様々な場面で活用できます。ただし，写真は入学式後の学活の最後に撮影します。先に撮影してしまうと，盛り上がりすぎてしまい学活で落ち着かなくなります。また，早く学活が終わってしまったときに，下校までの時間稼ぎができるというメリットがあります。それでも時間が余った場合は，保護者の方を巻き込んで撮影大会にすると，より多くの時間を稼ぐことができます。

`アクセル★`

❹ 学級懇談会

入学式の後には1時間程度の学級懇談会が設定されていることが多いです。懇談会では，自己紹介や雑談などで保護者の方との良好な関係をつくることに力を入れましょう。決意表明など真面目な話も必要だと思いますが，それはプリントを作成・配付すればよい話です。そうすれば，帰ってしまった保護者の方にも内容を伝えることができます。自己紹介は保護者の方にもしていただき，誰の保護者なのかメモをしましょう。雑談をするのが苦手な先生の場合には，「子どもの名前の由来」や「質問コーナー」など，保護者の方に話を振ると困りません。また，事前に副担任の先生と話をし，懇談への参加や自己紹介をお願いするのもよいでしょう。

懇談会の最後には，申し訳なさそうに「今度調査を行うのですが，学級役員を決めなくてはいけなくて……。お忙しいのは重々承知ですが……」と切り出しましょう。入学式・学活と続き，最後に行われるのが学級懇談会です。懇談会では役員の話が出てくることを保護者は理解しています。それでも残ってくれたのですから，役員を引き受けてくれる可能性は高いです。もし，役員をやってくれる保護者がいれば，兄弟のいる学級や小学校に取られてしまう前に，その場で決定してしまいましょう。すかさず，「残りは○○委員なのですが，お願いできませんか？」とたたみかけます。役員になってくれた方も援護してくれるはずです。誰もいない場合は，無理に決めようとせず一旦引きましょう。後日，懇談に来てくれた保護者の方に電話で協力のお願いをしていくのです。1対複数だと牽制し合う雰囲気で決まらないことが多いのですが，1対1になると，「仕方ないですねぇ」と折れてくれることも多いです。

`さきがけ♥`

24　入学式

❺自己紹介カードをつくる

　入学式翌日，最初の学活は自己紹介の時間です。一般的な自己紹介をする場合は紹介カードをつくり，その中から話をしてもらうとスムーズに進むことができます。私の場合は，２枚の自己紹介カードを作成します。１枚は名前や好きな○○などを書き掲示物として，もう１枚（右図）は，生活習慣やオシャレへの関心，家族の自慢や家族へ一言などを書いてもらいます。最初の学級PTAや期末懇談の資料として活用しています。　アクセル★

> ☆私はこういう人！
>
> ①１日休みなら何したい？
>
> ②家族の自慢をしてください
>
> ③あなたを表す言葉を３つ書いて！
>
> ④家族が自分のことをわかってくれ
> 　ないと感じることはある？
>
> ⑤家族に一言！
>
> 　　　　　　　　番　名前

3 入学式指導の意義

　生徒は厳粛な雰囲気を味わうことで新生活への期待と新たな決意を，保護者はこれまでの子育ての苦労を称え合い，成長を喜ぶための儀式が入学式です。教師にとっては毎年ある儀式の一つかもしれませんが，生徒・保護者にとっては二度とない１日なのです。この日を「感動的な出会いの１ページ」にするという気持ちをもつことが何よりも大切です。そして，入学式からの数日間は，比較的どのような生徒でも教師の話を聞いてくれる時期です。しっかりとルールを伝え，徹底させることができれば，教師が離れても生徒たちは自主的に動くことができるようになります。あとは生徒が抱えている期待や不安，個性を汲み取ることだけに集中することができるのです。入学式とその後の学活の成功は，生徒たちの学級に対する安心だけでなく，研修等で学級を離れたときのあなたの安心も与えてくれるのです。

（山﨑　　剛）

学級組織

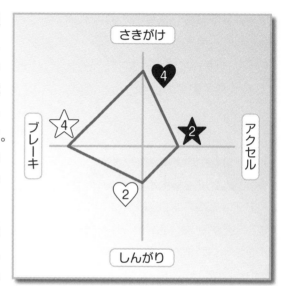

　中学校の学級には，委員や係，班といった組織があります。それらの役職にどの生徒が就くのか，その生徒に対してどのような指導をするのかで学級経営が左右されるものです。特に代表委員や班長などのリーダー的立場の生徒をうまく指導できるかどうかがポイントになります。彼らが学級の中心となって活躍すると学級の雰囲気が良くなり，行事での盛り上がりや落ち着いた学習環境の形成につながります。つまり，学級組織の在り方や学級リーダーの育成は学級経営上とても重要なのです。逆に言うと，これらを疎かにすると学級が機能しなくなる恐れもあるのです。

✓ 担任力チェックリスト

- ☐ 学級組織づくりが学級経営をするうえで重要であると感じているか
- ☐ 学級組織の在り方について３年間の系統性を意識しているか
- ☐ 学年教師団の中で自分は組織的に動けているか
- ☐ 教師以外の仕事で組織的に働いた経験があるか（学生時代のアルバイトなど）
- ☐ リーダーの育成を楽しめるか
- ☐ リーダーの資質を見極められるか
- ☐ これまでの人生でリーダーを務めた経験があるか（部活のキャプテン，生徒会長など）
- ☐ 学級組織を機能させるための教師の立ち位置を把握しているか
- ☐ １年後の成長した生徒の姿を年度の最初にイメージしているか
- ☐ １年後の成長した学級の姿を年度の最初にイメージしているか

1 学級組織づくりの目標

　学級組織づくりにおける目標は**学級が機能**することです。機能するというのはそれぞれの役職の生徒が自分のやるべきことを理解し，責任をもってやり遂げる。それが学級のためになったり，他人のためになったりしてみんなが生活しやすい環境が形成されることをいいます。この状況ができあがると自分が役割を果たすことでみんなの役に立っていると感じ，学級所属感も生まれます。しかし，ただ役職を与えただけではこの環境はつくることはできません。むしろ環境を悪化させることも多くあります。一生懸命に自分の役割を果たしている生徒が報われない雰囲気やサボっていても誰も咎めない雰囲気が学級にあると，その適当な雰囲気が学級全体に広がります。その結果，教室環境の悪化，授業中の私語，不要物の持ち込み，ひいては学力の低下にもつながる恐れがあります。ですから学級組織はつくって終わりということではなく，その組織を機能させるというところまで念頭に置かなければならないのです。

2 学級を機能させるための手立て

🌱学級組織づくりの際

❶役職の仕事内容を事前に説明する

　学級組織づくりの際には，最初に時間をかけて役職の仕事内容を十分に説明し，理解させる必要があります。役職に就いた後で，思っていた仕事内容と違っていたり，他の委員の方が良かったという気持ちになったりすると，せっかくの中学校生活に対する意欲が減退してしまうことがあります。時間の余裕があれば，説明する日と立候補を募る日を別にし，家族と相談する時間をつくると，生徒はよりよい選択をすることができるし，保護者との連携も取りやすくなります。

さきがけ♥・アクセル★

❷適任者が立候補する雰囲気をつくる

　「やりたい」という気持ちだけを最優先してしまうと組織としてうまくいきません。例えば，意欲はあるが口ばっかりで周囲からの人望がない生徒が代表委員になった場合，どんなに意欲があっても周りがついてこなければリーダーシップを十分に発揮できません。やりたいという意欲は大切ですが，適任であるかどうかは別の話なのです。特に1年生の前期の場合は担任が学級の生徒のパーソナリティを把握できていないので非常に危険です。事前の説明の中に仕事内容だけでなく，適性の話も盛り込む必要があります。私も過去に，適性に欠ける生徒が代表委員になり，半年間苦労した覚えがあります。当然，時間をかけて指導はしましたが，実りは多くありませんでした。

さきがけ♥・ブレーキ☆

❸事前アンケートをとる（後期）

　後期の学級組織決めのときにはそれまでの前期の生徒の活動を見ていますから，担任として

第2章　必ず成功する学級経営　365日の学級システム　中学1年　27

この生徒にはこの役職が適任だという思いが出てきます。しかし，その生徒がその役職に立候補するとは限りません。つまり，担任の思いと本人の希望が合致しないことが多くあるのです。これを解消するための手立てとして事前アンケートが有効です。事前アンケートは学級組織を決める１週間くらい前にとります。アンケートの結果を踏まえたうえで個別に生徒と話し，担任の思いを伝えたり，立候補を促したりすると担任の思いと生徒の希望をかなり近づけられると思います。

さきがけ♥・アクセル★

学級委員希望調査

番　　氏名

希望するものを〇で囲む

学級代表	・やりたい	・やっても良い	・興味がある	・やらない
学級議長	・やりたい	・やっても良い	・興味がある	・やらない
学級書記	・やりたい	・やっても良い	・興味がある	・やらない
生活委員	・やりたい	・やっても良い	・興味がある	・やらない
文化委員	・やりたい	・やっても良い	・興味がある	・やらない

❹チャレンジャー精神をくすぐる（後期）

　学級組織の役職の中には代表委員のように適性がなければやり遂げられないものだけではなく，どの生徒でも少し背伸びをしたらできそうな役職もあります。私が現在勤めている中学校では美化委員という役職があり，主に清掃関係の仕事を担当します。そもそも清掃は当番制度で全員の生徒が行っているので美化委員の仕事内容はほぼ全員がやり遂げられるようなものです。つまり，前に出られないような生徒でもチャレンジしやすい役職です。こういった役職には真面目だけど前期にはあまり学級活動に積極的になれなかった生徒をあてることができます。しかし，こちらからアプローチをしなければ絶対に立候補してくれません。そういう生徒には「〇〇さん，前期は真面目に掃除当番やっていたし，責任感もあるからその誠実さを学級のみんなに広げてほしいんだよね。〇〇さんが美化委員になると教室がもっときれいになると思うしさ。美化委員に挑戦してみないかい」と事前に声をかけます。そうするとその生徒の心が少しは動くと思います。実際に委員決めのときに立候補しなかったとしてもその生徒に対しての担任の思いを直接伝えられたことに大きな意味があるのです。担任として生徒のチャレンジャー精神をくすぐる努力は必要なのです。しかし，気をつけなければならないのは失敗させないことです。教師から声をかけたのに後から，やらなければ良かったという結果になっては絶対にいけません。背中を押した以上は最大限のフォローをしなければなりません。

さきがけ♥・アクセル★

❺約束事を確認する

　学級組織が決まった後に文句を言ったり，自分の役割を投げ出したりする生徒がいると学級

28　学級組織

経営は傾きます。そうならないために約束事を決めておくとよいと思います。私の学級では班のメンバーが確定したときには，「班という組織は自分とは違う考えをもつ人たちの集まりです。その中でいかに物事を安定的に進めることができるか，いかに協力して平和的に活動することができるかという協調性が試されます。これは社会に出たときにとても重要な力になります。もし班の中でうまくいかなくなりそうなことが起きたら文句を言うのではなく，どうやったら解決できるのかを考えましょう」と言います。そうすると多くのトラブルは避けられます。

また，委員などの役職が決まったときは「これで役職がすべて決まりました。役職に就いた人は半年間責任をもって最後までやり遂げてください。やることがわからないときはそのままにせず，先生に確認してください。また，それ以外の人は役職に就いた人を支える責任があります。委員が欠席したときには代わりに委員会に出ることもあります」と言います。つまり，役職に就いた生徒だけが大変な思いをするのではなく，学級全員で責任を共有するという意識をもたせることが大切なのです。

> さきがけ♥・ブレーキ☆

🌱学級組織づくり後

❶教え込む

学級組織が確定すると担任は一安心します。しかし，重要なのは学級組織を決めることではなく，**学級が機能すること**です。それぞれの役職の生徒が役割を果たすことです。そこを疎かにすると結局担任が後から面倒な指導に追われてしまうのです。例えば，代表委員になった生徒には学級全体をどのような視点で見るのか，行事のときにはどのような立ち位置にいるべきなのかなど代表としての在り方を教え込む必要があります。教えなければその生徒は代表でありながら他の生徒と同じように過ごし，半年たっても何も成長できずに終わるのです。特に1年生のときから多くのことを教え込むと3年間で大人の想像を超えるほど飛躍的に成長します。

> さきがけ♥・アクセル★

❷監督する

教え込んだ後はそれが実際にできているかをチェックする必要があります。飲み込みの早い生徒もいればそうでない生徒もいます。しかし，ここが担任の頑張りどころでもあります。教え込みと見守りを何度も繰り返すことで生徒は成長します。この担任のねばり強さがその後の学級を良くするのです。その後の自分を助けるのです。

> しんがり♡・アクセル★

❸成功体験をさせる

せっかく意欲をもって立候補し，その役職に就いたのですからそこで成功体験をさせることも教師の務めであると思います。任期が終わったときに「またやりたい」や「次は〇〇委員をやってみたい」という前向きな発言が出ることを目指すべきだと思います。しかし，勘違いしてはいけないのは前向きな発言が出るのは単純に楽しかったという理由ではなく，大変だったけど，やりがいもあったし，達成感もあったという理由でなければ意味がありません。教師は

生徒にその役職を全うさせ，成功させるというシナリオを先に描いておく必要があるのです。そうしなければ，ただ面倒なだけの役職になってしまい，誰もやりたがらなくなってしまいます。

さきがけ♥・アクセル★

❹わかりやすく指導する

1年生の生徒に「学級組織とは社会に出たときに……」と堅い話をしてもなかなかピンときません。当然，担任として時間をかけて学級組織の重要性を語る必要はあります。しかし，生徒にはそんな大義よりも目の前の楽しさや大変さの方が大切です。自分の役割を果たせたときには褒め，できていないときには教え，サボっているときには叱ることが1年生の生徒にとって最もわかりやすいのです。やり遂げさせてからその意味や身についた力の話をしても遅くはないのです。

さきがけ♥・アクセル★

❺リーダーを育成する

学級組織決めの時期になると「うちのクラスはリーダー不在だから代表になる生徒が誰もいないんだよね」と嘆く教師を何人も見たことがあります。これは教師として恥ずべき発言だと私は思います。リーダーは育成するものという考えをもっていない人の発言です。

生徒にとって家族の次に身近な大人は教師なのです。教師を見て生徒は育ちます。教師がリーダーシップをとっていなかったり，リーダーの在り方を生徒に教えていなかったりすると当然その学級でリーダーは育ちません。リーダーを育成するのは教師の命題であると認識すべきなのです。

さきがけ♥・アクセル★

❻裏の仕事を評価する

学級組織にあるのはリーダーシップを発揮するような目立つ役職だけではありません。委員にも立候補せず，係の仕事として教室の掲示物を貼る役割やテレビを準備する役割だけの生徒もいます。しかし，それらの目立たない役割の生徒の働きを担任として決して見過ごしてはいけません。地味な役割ではありますが，学級に貢献しています。正当に評価してあげましょう。若い教師が陥りがちなのは目立つ生徒ばかり評価してしまい，大人しい生徒を蔑ろにしてしまうことです。学級は全員で機能させなければ意味がありません。全員が少しずつ役割を果たし，よりよい学級をつくり上げていくことが大切です。

さきがけ♥・アクセル★

❼行事で活躍させる

日常的な活動の中での学級組織のそれぞれの役割もありますが，行事となるとその役割は特に大きくなります。例えば，球技大会や陸上競技大会などの体育的行事では体育委員が中心となって説明をしたり，選手決めをしたりします。また，旅行的行事では班長が班行動を仕切ったり，点呼をとったりします。1年生にとってはどの行事も初めてのものです。委員の生徒の役割を事前にしっかりと指導しなければ行事は成功しません。ですから担任としてはかなり気を配り，丁寧に事前指導をすることがとても大切です。そして行事をうまく進めることができたら大いに褒めてあげましょう。また，行事が終わった後に学級全体に話をするときもリーダ

30　学級組織

ーシップをとった生徒だけでなく，裏で動いていた生徒の労をねぎらうとその後のモチベーションにつながります。

さきがけ♥・アクセル★

❽学級システムとの連動

　私は大学生の時に４年間飲食店でアルバイトをしていました。学生だけでも100人ほどいる大きなお店でした。そこでは能力に応じた階級システムや役割分担がはっきり決まっていました。半年に１度査定会議が行われ，働きが良いと昇格したり，異動したりすることもありました。大きなお店でしたが，そのシステムがあったからこそお店がうまく機能していたし，私も意欲をもって働くことができました。当時学生でしたが，私はそこで「組織的に働く」ということを学んだ気がします。そんな体験ができたのはそのお店にふさわしいシステムがあったからだと思います。学級も同じだと思います。そこに教室があり，生徒がいて，目指すべきものがある。それをどのようなシステムで機能させていくかを考えることが担任の役目なのです。ですから学級組織をつくるのと同時にその組織が機能するための学級システムも考える必要があるのです。

さきがけ♥・アクセル★

3 │ 学級組織の意義

　１年生の段階では学級や学年の組織がどのような仕組みになっていてどのように機能するものなのかを知ることがとても重要です。つまり，組織の構造を知ることです。ですから教師主導で学級を機能させていくことが望ましいと考えます。将来社会に出る生徒たちにとって組織で動くということの重要性と難しさを経験させることが１年生段階での学級組織の大きな意義であると思います。そしてそれをもとに２，３年生では自分たちで組織を動かし，学級や学校をよりよく機能させることにつなげます。

　現在，社会不適合者と呼ばれ組織になじめず，本来の力を発揮できないまま社会からはじかれる若者が数多くいます。そんな社会人を生み出さないためにも中学校の段階でより多くの経験をさせ，社会性を身につけさせることが大切なのではないかと考えます。学級組織を機能させることで少しずつ社会性を身につけることができるのではないかと考えます。

（高村　克徳）

当番活動

どのような集団であれ、その集団が機能するためには秩序が必要になります。無秩序であるにもかかわらず、正しく機能する集団などあり得ないのです。学級経営もその例外ではありません。学級が正しく機能するためには秩序が必要です。

当番活動はそのうえで、とても大きな役割を果たします。給食を時間内に配膳している学級が荒れることはありません。掃除が教室の隅々にまで行き届いている学級もまた然りです。登校日とほぼ同じ回数行われている当番活動にこそ学級経営の肝があると言っても過言ではありません。

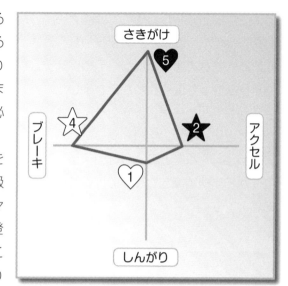

担任力チェックリスト

☐ ルールを徹底して指導することができるか
☐ しっかりと取り組めていない生徒に指導できるか
☐ 給食や清掃当番の活動を黙って見ていることができるか
☐ 学年で決められた当番活動の手順を確認しているか
☐ 給食や清掃について効率の良い分担や手順を考えたことがあるか
☐ 教室の美化について日頃から気にしているか
☐ 給食時間を楽しく過ごすことができるか
☐ 日頃から時間を守る意識があるか
☐ 清掃用具がきちんと揃っているか

1 当番活動の目標

　1年生の当番活動の目標は，全員がしっかりと活動するということです。1年生は「守破離」でいうところの「守」にあたります（そもそも中学校3年間はまだ「守」ではないかというマクロな視点はここでは一旦置いておきましょう）。当番活動はしっかりと取り組むものだと多くの生徒に認識させること。いや，むしろそんなことなど意識せずに，気がついたら世間話をしながらでも，手はしっかりと動いていて，当番活動をテキパキと行っている。そのような状態をつくり出すことが当番活動の目標と言えるでしょう。

2 当番活動を指導するための手立て

【給食と清掃の位置づけ】

　同じ当番活動であっても給食と清掃では，やはり違いがあります。食事とは本来楽しい時間であって効率などを求めるものではありません。生徒の中にも給食時間を楽しみにしている子はいるはずです。一方，掃除はというと，おそらく全校生徒を対象にしても掃除の時間を楽しみにしている生徒を探し出すことは難しいでしょう。

　給食当番を効率良く進めるのは，楽しい給食時間を確保するためです。「時間がないから，もう下げなさい」「しゃべってばかりいないで，食べなさい」こういった指導をしなければいけなくなると，給食が楽しい時間ではなくなってしまいます。

　一方，清掃は純粋に作業であり仕事です。仕事とはどのようにこなすと効率が良く，また評価されるのか，といったことを指導することになります。こういった違いを念頭に置いておくだけでも指導に違いが表れるはずです。また常にきれいな教室で過ごすことの効果は「割れ窓理論」でも言われている通り，教室の秩序に大きく寄与します。

🌱給食編

❶役割をはっきりさせる

　4時間目の終了から「いただきます」までの時間はそれほど余裕があるわけではありません。多くても15分，短い学校だと10分というところも珍しくないのではないでしょうか。この間に机を並べ替え，ランチマットを敷き，手洗いを済ませ，配膳車を教室に運び入れ，配膳を行わなければなりません。大人が行ってもなかなか難儀な作業です。果たして，当番生徒一人ひとりが自分の仕事を自主的に見つけ，効率良く行うことができるでしょうか。ましてや，それが1年生であればなおのことです。

　効率の良い作業にするためにはいくつかの仕組みを教師が考え，決めておかなければなりません。そして，そのルールを徹底することが大切です。

第2章　必ず成功する学級経営　365日の学級システム　中学1年　33

A 盛り付け1	B 盛り付け2	C 盛り付け3	D 盛り付け4	E 配り1	F 配り2
食器準備	食器準備	食器準備	食器準備	配る	配る
盛り付け	盛り付け	盛り付け	盛り付け	配る	バケツ準備
食器整頓	食器整頓	食器整頓	食器整頓	配る	水くみ

　例えば，一つの班が6人で構成されている場合，上の表のような分担になります。あらかじめ誰がどの仕事を行うかを決めておくことで準備開始からスムーズに作業が始まります。

さきがけ♥・ブレーキ☆

❷給食準備はみんなで行う

　先にも書いた通り，給食準備は時間的にとても大変な作業です。当番生徒だけではなく，その他の生徒の協力がなければ，なかなか時間内に終えることはできません。しかし，放っておくと当番以外の生徒は手洗いを済ませたら，教室内で他の生徒と談笑したり，自席で本を読んだりと思い思いの時間の過ごし方をします。しまいには，廊下で他学級の生徒と交流する生徒も出る始末。かなり厳しい時間的制約の中で，必死に働いている当番がいる一方で，まるで飲食店に来た客のような振る舞いを見せる生徒がいるというのは，教育的に良い状況とは言えないでしょう。そのうちに，当番生徒が一生懸命に働くことに嫌気がさしてきたとしても，無理はありません。

　そこで当番以外の生徒にも，自分の班や列に配られた給食や食器を班内で配るように指導します。配膳中の読書も禁止です。当番が配るのは班や列まで，そしてもしも足りない分があれば，当番に知らせてもってきてもらう。「給食はみんなで準備しなければ，時間内に終わらない」そのことを全員に理解させることが大切です。

さきがけ♥・ブレーキ☆

　完食指導には賛否両論があるでしょう。ここで完食指導の是非について議論したいのではありません。しかし，学級に配り当てられた給食は残さず食べようという完食に学級で取り組むことで，給食を食べる時間をしっかり確保することの必要性がよりはっきりとしてきます。それによって「給食準備はみんなで早く終えよう」という雰囲気がつくられます。

さきがけ♥・アクセル★

❸教師は決して手を出さない

　何度も言いますが，給食準備は時間的に余裕のない大変な作業です。そのため時間内に終わりそうもないような状況で，見ていられなくてついつい手を出してしまいたくなることがあるでしょう。しかし，いつも教師が手を出していては，生徒の成長は見込めません。そして，生徒には「最終的には先生が手伝ってくれる」ということを暗に伝えることになってしまいます。取り組みが困難であればあるほど，それは大切な教育機会であるとも言えます。安易に手伝ってしまうことで目の前の困難を解決するのではなく，なぜそういう状況が生まれてしまったの

かを考え，その解決策を考えるのが教師としての役割ではないでしょうか。そのためにも教師自身が一緒に活動するのではなく，一歩引いて見守る方が問題点を見つけやすくなるでしょう。

`しんがり♡・アクセル★`

❹おかわりのルールを決める

　学級に秩序を築くうえで，意外に大切なことは給食のおかわりについてのルールです。これがないと，教室内で発言力の高い生徒が良い思いをし，そうでない生徒が割を食う場面が多くなります。そのため，給食のおかわりについてのルールは必須です。

　私が採用しているルールは個人での給食のやりとり禁止と，残ったものは担任との王様じゃんけんです。個人での給食のやりとり禁止は多くの学級で採用されているのではないでしょうか。残す場合は，必ず一度配膳台に戻します。

`さきがけ♥・ブレーキ☆`

　残ったものをおかわりしたいときは，希望者全員で担任との王様じゃんけんです。これは給食時間を楽しく過ごす一つのイベントにもなっています。生徒同士でじゃんけんする方法もありますが，じゃんけんで負けた生徒が捨て台詞を吐く，なんてこともないわけではないので，私は王様じゃんけんを採用しています。このルールは４月当初から徹底されているため，私が不在のときも，副担任の先生や或いは代理の生徒を自分たちで立てて行っているようです。

`さきがけ♥・アクセル★`

❺完食で盛り上がる

　先にも少し触れましたが，私は学級で完食を目指して取り組んでいます。私が行っているのは学級に配られたものを全員で協力して残さず食べるというものです。自分が食べられないものは残して構いません。一口も口をつけずに残す生徒に指導することもありません。むしろ，自分が食べられるぶんだけ食べようと生徒には言っています。

　私が完食に取り組む理由は，「食べる」という実に簡単なこと（好き嫌いの多い子にとってはそうではないかもしれないが）によって，みんなが喜び盛り上がれるということです。ときには，完食大臣なるポストをつくって完食の度にそのことを面白おかしく発表させたりします。

　つまり，私が完食に取り組んでいるのは，もちろん食育の観点からということもあります。しかし，それ以上に取り組むことで生まれる副産物の方にその目的はあります。女子生徒でも遠慮なくおかわりすることができる。あと１人分で完食！というときに「じゃあ，俺食べる」と言う生徒に対して拍手が起こる。連続完食記録の樹立に教室が沸く。そんなイベントが毎日のようにあるからです。

`さきがけ♥・アクセル★`

🌱清掃編

❶役割分担を明確にする

　まだ，私が駆け出しだった頃，掃除なんて自分で仕事を見つけて働けるようにならなければダメだ，なんて想いを胸に指導にあたっていました。教師が仕事を事細かに分担して活動させ

第２章　必ず成功する学級経営　365日の学級システム　中学1年　35

ることが，まるで生徒をロボットのように管理している気がして，そういった指導に嫌悪感をもっていたのです。当時は，生徒に対して口うるさく小言のように怒っていたことを思い出します。「さぼるな！働け！仕事を探せ！」この頃は，生徒も私もお互いに不幸な関係だったように思います。生徒は何を期待されているかがわからない。私はどうしてできないのかがわからない。

　清掃というものの概要が生徒には見えていないことに気づいたのは，それから数年経ってからです。そこで役割を明確にすることを決めました。例えば一つの班が６人ならば以下の表のように分担します。

　そして当番は原則１週間交替とします。その１週間の中で役割は輪番制にします。例えば月曜日にＡの仕事をした場合，火曜日はＢの仕事，といった具合です。すべての仕事ができるわけではありませんが，できるだけ仕事の軽重などによる不公平感が出ないようにします。

さきがけ♥・ブレーキ☆

A	B	C	D	E	F
モップ	教卓移動	ゴミ箱移動	テレビ移動	ほうき	黒板
モップ	机移動	水くみ	水くみ	机移動	黒板
モップ	机移動	机移動	机移動	机移動	黒板
ちりとり	机水拭き	机乾拭き	教卓水拭き	棚水拭き	黒板
ゴミ捨て	水捨て	カーテン	机整頓	水捨て	黒板

❷基準を明確にする

　給食と清掃の大きな違いは，不確定要素の数です。給食の場合，その日のメニューによって盛り付ける食器や盛り付け方などに違いが生まれます。それによって盛り付けを担当する人数などが変わってくるため，どうしても細部まで決めきることができません。ある程度役割に柔軟性をもたせなければなりません。一方，清掃は日によって変化する要素はほとんどありません。そのため，分担された仕事の基準を明確にすることができます。例えば，黒板はどの程度まできれいにしなければならないのか，机と机の間はタイル何枚分空けるのかといったようにです。そうすることで，誰もが仕事をきちっとしているかどうか判断することができます。そこまで指導することで，生徒も何をどうやらなければいけないのかを理解し，活動することができます。そこまでを理解し把握して初めて，おのずと作業の効率化を図ったり，合理化を考えたりすることができるようになります。

　そのため入学からの数ヶ月間の清掃においては，時間を短縮することよりも仕事を徹底することに重点を置きます。学年全体や学校のその他の活動に支障をきたさない範囲で，しっかりと丁寧に教え込むことが大切です。

さきがけ♥・ブレーキ☆

❸時間を守る

　当番は1週間ごとで交替するためクラスが5班編成ならば，全員が仕事をするまでに5週間を要します。そうすると6月あたりで一回りすることになります。この6月あたりからは，時間内に終わらせることを意識させ，そこに重きを置くようにしましょう。もちろん，仕事の質を落とさずに，です。この時期をあまり早くしすぎると，生徒は時間と質の板挟みにあってしまい，指導も効果が上がらなくなってしまいます。生徒の状況をしっかりと把握してシフトしていく必要があります。

　学校生活において時間を意識することは当番活動よりも上位の指導事項です。掃除が長引くことで時間を守れないことが常習化してしまうと，生徒も「それで良し」と理解することにつながります。完全下校などの日は，たとえ清掃が不完全であったとしても時間内に終わらせることを優先しなければなりません。

さきがけ♥・ブレーキ☆

3 ｜ 当番活動を指導することの意義

　当番活動は給食であっても清掃であっても，給食を時間内に配ること，その場をきれいに保つことという実効的なことだけがその意義ではありません。学級全員に同じように与えられる義務でもあるのです。だからこそ，学級に秩序をつくるうえで大きな役割を果たすと言えるでしょう。

　学年に1学級しかない場合は別として，多くの学校では2年次に学級編成が行われます。それを見越して，1年生の当番活動は学年で足並みを揃えた方が，次年度以降の指導が効率的に進みます。当番活動は学級経営の根幹をなす部分でもあるので，教師の数だけ様々な手法があるでしょう。しかし，こと1年生に関しては事前に打ち合わせてできるだけ，指導の共通項目を増やしておくことをお勧めします。

（渡部　陽介）

4

朝の会・帰りの会（短学活）

　朝の会，帰りの会。いわゆる短学活は学級経営のカリキュラムで，毎日実施されるものの一つです。生徒にとっては給食，清掃と同じく小学校からあまり大きな変化がない，あって当然の時間でもあります。短時間であり，連絡事項を主とするため学級経営の中ではあまり着目されない時間かもしれません。また，マンネリ化してしまい生徒の反応も良くないなど，内容の善し悪しを気にかけないことも多いようです。しかし，毎日あるものだからこそ有効活用していきたい時間です。

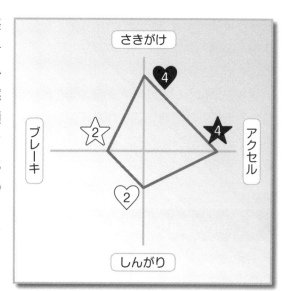

✓ 担任力チェックリスト

- □ 朝の会や帰りの会を授業として考えているか
- □ 連絡事項を事前にまとめているか
- □ 職員の朝の打ち合わせで，話している人を見て聞いているか
- □ 配付物の締め切り日を覚えているか
- □ 配付物の締め切り日前後のスケジュールを把握しているか
- □ 回収するプリントの予備を持っているか
- □ 朝や帰りの挨拶は明るく大きな声で言っているか
- □ メモを細かくとる習慣があるか
- □ 相手が喜ぶ言い回しを得意としているか
- □ リアクションを得意としているか
- □ リアクションは表現活動という意識があるか
- □ 朝の会や帰りの会の様子から，授業の様子を想像できているか

1　短学活の目標

　1年生の短学活の目標は，学校生活で基本となる力を学ばせることです。聞く，発表する，先の見通しをもつ，話に反応するなど授業に結びつくことが多くあります。それらを短時間で体験し，身につけ授業への参加態度につなげていきます。短学活で落ちつきのない学級は授業でもその傾向が強くなります。

　また，どんな場合でも言えることですが，時間の経過とともにただの儀式になってしまうことを懸念しなくてはいけません。1日の始まりと終わりに行いますので，楽しく気持ちの良い時間にしたいものです。担任はこなすだけでなく，これらの意識をもつことで会の進行に多くの工夫を取り入れることができるでしょう。

2　短学活指導で必要な手立て

🌱システムを理解させる

❶提出物の徹底

　提出物は自分が責任をもって提出するという意識をもたせることで，授業や家庭学習の意識にもつながります。何事も学校に関わることは自分に関わることだと意識することによって，責任感や保護者へのありがたみにも発展させることができます。

　年度当初は提出物が多く，生徒も慣れていないので提出物回収のシステムを理解させます。提出物回収で大切にしたいことは，提出者の確認を朝のうちに終わらせることです。生徒によっては鞄に入ったままのことも多く，休み時間で確認をとり一緒に探すことができます。また，休み時間にゆっくり話を聞いたり，諭すこともできます。時間的に保護者に確認を入れる場合も，時間に余裕がもてます。さらに，提出物は「○○を集めます」と話しても，どのプリントを指しているのかわからない生徒もいます。予備や見本を見せながら集める物を明確にします。見本に締め切りを大きく書き，学級に掲示しておくのも良い方法です。未提出者は名指しし，見本プリントで確認させます。保護者の手に渡っているか確認をとることも必要です。提出物の配付は帰りの会が理想的です。その場で締め切り日に印をつけさせます。保護者に渡したときにもわかりやすく意識してもらえます。　　　　　　　さきがけ♥・ブレーキ☆

❷帰属意識をもたせるための足がかり

　まだ慣れないことの多い学校生活では早めに帰属意識（学級への所属感）をもたせることが大切です。生徒の中で「学級は安心する」「学級で自分は必要な仕事を任されている」「やっぱりうちの学級に○○君がいて良かった」という思いが帰属意識へつながります。

(1)　朝と帰りの挨拶係をつくる

　朝と帰りの挨拶は，日直や学級代表などが行う場合が一般的です。しかし，この毎日の挨拶

第2章　必ず成功する学級経営　365日の学級システム　中学1年　39

を係にすることによって，学級内で良い効果が生まれることがあります。例えば，小学校から目立つことが好きで発言回数も多いが，能力的にはそれほど高くないという生徒が学級には必ず存在します。その生徒が精神的に成熟していれば今後大きな問題はありませんが，多くの場合幼い傾向があります。その場合，時間とともに他の生徒から「うざい」「うるさい」「ガキっぽい」などと馬鹿にされ，学級に居場所がなくなるという場面がみられることがあります。そこで「声が大きい」「元気がある」「明るい」などを条件にそういった生徒を推薦や立候補で挨拶係にします。ここで選ばれる生徒はできるだけ忘れっぽい生徒が望ましいです。この後の提出物でつらい思いをすることが多いので，自信につながる場面をつくってあげることもできます。担任は，この仕事が1日の学級の雰囲気をつくる大切な仕事であり，誰にでもできるものではないと一言添えましょう。

　この係は他の係より意図的に決定しましょう。係になった生徒は張り切って仕事をしますが，担任のサポートなしでは帰属意識の効果はありません。担任が「やっぱり○○君の挨拶は良いねぇ」「今日は雰囲気が暗いから元気にお願いしますよ」などと声をかけていくことで，他の生徒も「選んで良かった」と認める雰囲気が帰属意識につながります。　　**さきがけ♥・アクセル★**

⑵　司会シナリオを作る

　司会は人前で発表する体験をさせる良い機会になります。聞きにくかったり，テンポが悪いと相手の反応が悪くなることも実感できます。会の進行の仕方は出身小学校によって違うので，しっかり台詞を入れたシナリオを作成します。人前に立って話すことが苦手な生徒も多く，内容の項目だけで台詞が入っていないと，何を言ってよいのかわからず司会が嫌いになってしまうこともあります。シナリオ通りに話せばよいとなると安心感も違います。司会者は二人で前に立ち，朝の会と帰りの会の交替制が良い方法です。場面緘黙症など大きな理由がない限り全員に体験させます。声が大きかったり，聞きやすい場合はその場で褒めることで自信につながります。また，他の生徒がしっかり聞いていた場合は「どうしてみんなが聞いてくれたか」を話すことにより次の発表につなげることができます。もちろん聞いていた生徒も褒め，良い雰囲気をつくることで学級に安心感をもたせることができます。　　**さきがけ♥・アクセル★**

❸先の見通しを立てる

　中学校では連絡を聞いて家での生活時間を考えたり，計画を立てたりする力が必要です。短学活では連絡事項を伝えることに多くの時間が割かれます。家での時間と行動をイメージできるようにトレーニングをしていきます。そのために通信や入学式の際に小さいメモ帳を準備するように伝えます。明日の連絡をメモすることで，忘れ物を減らすことはもちろんですが，時間の感覚を養うことにもつながります。

　1学期はメモすることに加え，時間の感覚を想像しやすいように具体例を挙げると効果的です。生徒はやることを認識していても，部活，塾，食事，お風呂などにどれほどの時間と体力を使うか想像できません。現代の中学生は結構忙しい生活を送っているものです。具体的に時

40　朝の会・帰りの会（短学活）

間の流れを話すことも良い方法です。例えば「部活が終わるのは6時，家に帰って着替えてご飯食べたら8時過ぎますね。その後は少し休憩といってスマホか TV かな。お風呂は9時頃かな？」といった具合です。 さきがけ♥・アクセル★

🌱雰囲気をつくる

2学期は新しい仲間や中学校生活にも慣れてくる時期です。生徒たちがシステムを理解し行動できるようになっているため，担任も心に余裕が出始めます。2学期の短学活では自分の行動を振り返り，考える場面を盛り込みます。

❶空気を感じる（空気を読む）

1学期から授業を通して指導される行動のメリハリを，短学活でさらに意識していきます。生徒は話を聞く場面，メモをとる場面，話し合う場面を判断し行動できることが理想です。うるさくなったり，聞いていない生徒には「静かに！」と言うより，今は何をする場面なのか考えさせる問いかけをしましょう。教師に「さて，今は何をする時間でしょう？」などと言われれば，生徒は注意されていると理解できます。教師が「1，2，3……」と声に出してカウントし，静かになるまでを数えていく方法もあります。数は生徒にとってわかりやすいですし，数が少なくなれば褒める材料にもなります。これらの方法で空気を読む力も養われます。この力は生徒間のつきあいには大切な要素です。また，生徒自身に気づかせるという効果がある，静かになるまで待つという方法もあります。生徒との関係や担任のキャラクターによって問いかけ方を選び，効果がうまく出るものを見つけましょう。 さきがけ♥・ブレーキ☆

❷わかりやすい目標を立てる

朝の会では毎日の目標を設定する学級が多いと思います。目標は日直や学級代表が考えることがほとんどです。毎日考えていると行事のあるときはいいのですが，マンネリ化してしまい生徒にとっては大きな意味をもたなくなります。そこで，具体的でピンポイントの目標を立てます。印象に残るものが理想的です。よくある目標は「授業中静かにする」といったものです。それが「社会で先生が板書しているとき静かにする」となると生徒はイメージしやすくなります。また，担任が教科担任に目標の話をしていれば，授業の中で触れることもできます。

目標を朝の会で発表するときに，担任から具体的な時間や前向きな励ましがあるとよいです。担任からのコメントが有るのと無いのとでは，生徒の注目度が違います。毎日の目標は，生徒に守らせることより意識させることが目的だと心得ましょう。 しんがり♡・アクセル★

❸短学活に参加する意識をもたせる

話を聞くときは静かに聞き，理解することが基本です。さらに授業の中では発表や生徒同士，教師とのやりとりが活発になると雰囲気が良くなります。短学活で司会者や連絡者の話にリアクションをすることにより，授業で活かせるリアクション力を育成します。そうすることで学級への帰属意識も深まります。

基本は返事です。「〇〇です」「はい」といったやりとりは少々幼稚に感じるかもしれませんが，リアクションの第一歩としては大切なことです。「はい」の一言で生徒の様々な感情がつかめます。話を聞いてない返事，楽しんでいる返事，嬉しい返事，嫌がっている返事。授業では教師がそれらを素早く察知することで，進行や内容を修正し学力を効率良く習得させるものです。小学校では当たり前にできていることですが，中学校に入ると返事は少なくなる傾向があります。思春期による恥ずかしさだったり，進行に影響がないのであれば返事の必要性を感じないのです。

　ここで注意しなければいけないことは，発言に対して無条件に返事をすることではありません。ですから，教師の投げかけとして「返事は？」といったものは目的から逸れてしまいます。「わかった人は返事してください」といったものがよいでしょう。あくまでも理解したり，聞き入れたことを表現させるのです。一緒に返事をすることで一体感が生まれます。返事をした側もみんなと一緒なら面白くない感情はもたないというわけです。　　　しんがり♡・アクセル★

🌱人とつながる方法を学ぶ

　生徒は日常も決まった友人と人とのつながり方を学んでいます。行事や授業では普段接しない人とのつながり方も学ぶことができます。相手の立場になって物事を考えることは，人とつながるときにとても大切なことです。生徒は気心の知れた身近な人の気持ちを考えることから始め，新学級でも対応できるように育成していきます。

❶聞くときの気持ちを学ぶ

　当番制で行う短学活の司会は，仕事だからやっているという生徒がほとんどです。嫌々前に出て小さな声でぼそぼそと話す生徒も多いことでしょう。担任はわかりやすく大きな声で司会をするよう指導します。しかしこのとき担任に注意された嫌な思いしか残らなければ，人前で話すことは嫌いになっていくものです。

(1)　相手の気持ちに気づく

　そこで司会者だけではなく，聞く側の姿勢も全体に指導します。生徒に一対一で聞いてみると，人の話を聞くときは静かに相手を見て聞きましょうということはよく理解しています。ですが，先にも述べたようにその場面はいつなのか，どうしてそうしなければならないかについては曖昧です。

　そこで，短学活でも相手の立場になって考える場面があることを体験させ，司会者が頑張っていることに気づかせます。司会者の表情を見たり，自分のときはどうだったか考えさせる声かけを意識します。たどたどしく，びくびくしながら司会をすれば聞きやすい進行とは言えません。しかし，本人は苦手なことを一生懸命やっているのです。そのことに気づく優しさが人とつながる第一歩です。例えば担任が「〇〇さんが話をしてくれてますよ」と言うことで，ただの司会者から〇〇さんの司会という意識に変わります。優しさのない学級では「聞こえませ

～ん」などと心ない言葉も出てきます。最悪の場合，日直など司会が当たる日を欠席する生徒が出る場合もあります。しかし，一生懸命さに気づく学級はしゃべるのをやめ，耳をそばだてるようになっていきます。内心いらだつ生徒もいるでしょうが，相手の気持ちを考えると聞くことができるものです。

さきがけ♥・ブレーキ☆

⑵　周りも満足させる

　周りの生徒は司会者に合わせたり，我慢したりしている可能性があります。そこで教師が一言「みんな優しいね」と言えば，司会者の生徒も，恥ずかしい気持ちは消えないでしょうが，周りの優しさに気づくことができ悪い気はしないものです。周りの生徒も相手に感謝の気持ちをもってもらえると嬉しい気持ちになります。司会者は「私の学級は優しい」という安心感をもちます。他の生徒は「自分は良いことをした」とこれまた悪い気はしないものです。

　聞いていないことがどれほど相手につらい思いをさせるのか考えさせることが必要ですが，プラスの側面からアプローチをする方法もあるということです。優しさの表現方法は人それぞれ違い伝わりにくいこともあると思いますが，ここでは相手の気持ちに気づかせることに重点を置きます。

しんがり♡・アクセル★

❷リアクション内容の改善

　返事ができるようになると，気軽に発言する生徒が出てきます。その中で注意したいのは，悪気はないが相手の気持ちを考えない発言です。学級に対して信頼感をもつ生徒が増えれば，個人の意見を述べることにも抵抗がなくなってきます。相手の立場になって考える前に言葉になって出てしまうことがほとんどで，どの生徒にも起こりうることです。軽い気持ちで発言しているので，短い時間ですぐに指導する方がよいでしょう。発言生徒に相手の立場に置き替えた例え話をしたり言い回しを変えることを伝えましょう。悪気がありませんから必ずフォローし，自己肯定感を維持することを心がけましょう。

しんがり♡・ブレーキ☆

3 　短学活指導の意義

　朝の会や帰りの会という短学活にはしつけの側面もあります。１年生で基本的な考え方や姿勢を身につけることが大切です。１年生で学び，その力を進級して広げていくことが目標です。朝は眠たいし帰りは疲れている。進級すればその思いから，短学活が面倒でどうでもいいものという気持ちが増していきます。生徒にとって楽しく気持ちの良い内容を心がけることでそれらを減らしていきます。また，１年生で身についたことは学年が上がっても抵抗なく続けることができます。短学活は短い学活です。授業と同じく目的や課題があり，それらが学級への帰属意識や授業へ取り組む姿勢につながっていきます。連絡事項や配付物が多い時期には見過ごしてしまう時間ですが，毎日積み重ねていくイメージをもつことで，学級経営に役立っていくことは間違いありません。

（長尾　由佳）

5 学習指導

入学したての１年生の前に最初に立ちはだかる壁に，教科担任制，定期テスト，そして５段階評価があるのではないでしょうか。「中１ギャップ」解消に向けて小中連携と銘打った中学校教師による出前授業や，英語必修の低学年化など，教育現場は常に「変わる」ことを求められています。

しかし，中学校での学習指導は生徒の学力を伸ばすことや，学習への意欲喚起，学習の習慣づけだけが目的ではありません。１日の大半を占める授業の中では，教師と生徒，または生徒同士で「縦糸」と「横糸」が張られていきます。

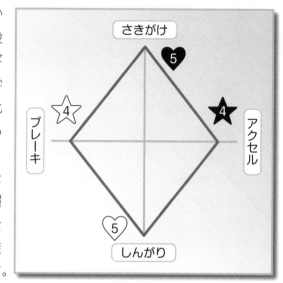

この糸を縦横無尽に張りめぐらせることで，学級ができていきます。学級経営は担任だけのものではありません。各教科担任の授業が学級づくりに大きく影響します。行事等への成功も，一つ一つの授業の在り方が鍵を握っていると言っても過言ではありません。

✓ 担任力チェックリスト

- □ 他の教師から学び，自分を変えることができるか
- □ 決めたことを毎日続けることができるか
- □ 学習指導で生徒に楽しさを感じさせたり，一緒に笑い合えるような働きかけができるか
- □ 自分の教科だけでなく，他の教科にも興味をもち，教えることができるか
- □ 生徒の取り組みに随時フィードバックを与えられるか
- □ 生徒一人ひとりを平等に評価し，その活動をしっかりと褒めることができるか
- □ 一人ひとりの生徒の性格，学力，交友関係，家庭環境，現在の悩みなど頭の中にデータベースができており，すぐに検索可能か
- □ チームの一員として学年団に溶け込み，自分の個性や力をチームのために発揮できるか
- □ 孤独に耐え，やるべきことを続けられるか

1 | 学習指導の目標

　中学校での１日は，年間を通してほとんどの時間が各教科の授業です。生徒に必要な力を確実に身につけさせ，それを定着させることが各教科担任に求められます。１年生の４月には，それぞれの教科の授業システムやルールがどうなっているのか，その中で自分がゴールまでにどのような力をつけなければならないのか，それにはどう取り組むべきか，の三つを生徒にはっきりとイメージさせる必要があります。授業がどう始まってどう終わるのか生徒がイメージできる授業には，生徒は安心感をもち，集中して目の前の課題に取り組みます。しかし，システムが確立されておらず，いつもノープランで場当たり的な学習指導は，生徒は自分のゴールを見通すことができず，目前のやるべきことに取り組みません。今やろうとしていることが，ゴールとリンクしているのかどうか確信がもてないからです。特に１年生が「中１ギャップ」を乗り越えるには，年度当初から１年間はそのシステムやルールを貫くことが絶対条件です。１年後を見通すことができれば，よし頑張ってやっていこう，という気持ちを生徒にもたせることができます。また，システムが確立されている授業は授業者である教師を助けます。「忙しくて授業準備できない」とか「授業研究する時間がない」と嘆く先生方がいますが，システムが確立されていれば，授業者はただ道具を持って教室へ行けばよいのです。生徒がすでにレールの上に乗っていますから，一緒に走り出せばだいたいはうまくいきます。

2 | 学習指導の手立て

❶授業システムを構築する

　学校生活におけるルールや決まりごとを年度当初に打ち出すものの，それを破る生徒，フレームにはまらない生徒がいると年度途中でその内容を緩めたり，すべての生徒に適用できるように内容を変える教師がいます。いちいち指導するのが面倒，何度指導しても生徒が変わらない，生徒に嫌われたくないというのが本当のところかもしれません。

　全米最優秀教師にも選ばれたロン・クラーク氏は，「子どもはシステムを好むものである」と言っています。システムを敷き，それを何があっても継続することが重要であると続けています。学年のどの学級にも同じシステムが敷かれ，教師がそれぞれの個性を活かしながらチームで教育活動を行うのが当たり前の時代です。担任によって力量の差があるのは当然です。しかし，しっかりとしたシステムが確立され，それがすべての教師によって継続されていれば，どの教師が担任であっても荒れる学級が出ないのは不思議なことではありません。授業にも同じことが言えます。４月の授業がスタートする前に考え抜いた，授業の「型」を最低で１年間，理想的には卒業するまで３年間継続すれば，教室の中にいる全員にとって自分たちの向かうところがはっきりしている状況下で授業を行うことができます。これには，学年で同じ教科を教

える教師の協力や綿密な打ち合わせが不可欠です。

　授業の「型」をつくるには，まず一つ一つの構成要素である「ユニット」の内容と時間を設定し，それを組み合わせます。取り扱う題材によってユニットの順番やバリエーションは異なりますが，理想的には，一つは毎回の授業で，できれば一番最初に組み込むと効果的です。生徒は，今日も変わらずいつも通りの型で授業が走り出した，という感覚をもつのです。

　私が行っている最初のユニットを紹介します。私の英語の授業では開始チャイム3分前に全員が着席しています。3分前になると必ずBINGOのプリントが配られるのを生徒は知っているからです。静寂の中で，黙々と5×5列＝25語の英単語を書き込んでいきます。休み時間から全員が取り組むのはなぜでしょうか。チャイムが鳴るまでに出来上がると15ポイントがもらえるのです。チャイムが鳴ってしまうとこの「エントリーポイント」は10ポイントに減ります。賛否両論あるかもしれませんが，生徒のすべての活動にはポイントの設定があり，各自の「ポイントカード」に生徒は記録していきます。宿題などの課題提出でもポイントがもらえます。このポイント数はもちろん評価材料です。授業でどのような活動が行われ，どうすれば高いポイントを得られ，どうすれば稼げなくなるか，細かいシステムとルールが敷かれ，それを生徒は理解しています。このポイント制度は私の同僚の柳岡拓哉教諭の実践から生まれたもので，「柳岡メソッド」と呼んでいます。ちなみに，各活動で教師から発せられる指示も一語一句いつもと変わりません。「えーと」「うーんと」などのノイズを言わないよう，教師から発せられる言葉も「型」のフレームから出ないよう気をつけます。　さきがけ♥・アクセル★

❷授業開き

　年度初めの1回目の授業は，教師・生徒の自己紹介，毎回の持ち物，ノートのとり方などを説明して終わってしまう先生が多いようです。入学式後の1年生の授業開きであれば，次回から始まる授業に向けて事細かな説明が必要だと思い込みがちです。しかし，1回目の授業から普段行うような授業をするのが実は近道です。システムはこうですよ，と言葉で説明しても，それを体験しなければ生徒は本当の意味で理解しません。システムを体験させて説明に代えるのです。これは指導力だけでなく，自信がないとできるものではありません。最初に失敗することほど怖いことはないからです。しかし2回目の授業以降で徐々にシステムを敷いていこうなどと考えていると，定着までにさらに長い時間がかかるのは明白です。どちらのリスクが大きいか――実は圧倒的に後者なのです。

　初回の授業にはユニットを詰め込みすぎないこと，教師からの指示がどの生徒にとっても明確であること，そして具体例の提示はよく内容が練られたものでないとリスクが高く，失敗の可能性が高くなってしまいます。　さきがけ♥・アクセル★

❸褒めることで指導の土台をつくる

　生徒は教科担任に次のような期待を向けています。それは，

　①一人ひとり，全員に目を配る授業をする人か

46　学習指導

②発言で間違うことを否定しないか

③どの生徒も公平に評価するか

の三つです。指導力の高い教師はユニットの至るところで，この三つを常に意識している姿勢を崩しません。言葉にしなくても，この三つが徹底されているという雰囲気が醸成されていきます。一方，その日によっては机間巡視を全くしない，とか，やるべきことに取り組んでいない生徒を放置している，偏った生徒にばかり発言させる，無意識にお気に入りの生徒をつくってしまっている，など生徒の期待を裏切るような教師の授業は，縦糸が張られないだけでなく，横糸も薄いままです。カリスマ的な授業ができる教師には必要のない話ですが，生徒のこれらの期待を授業で反映する自信がなければ，とにかく生徒へ細かくフィードバックすることが効果的です。例えば，私の授業では，全員が１回は一人で英語を発音するシステムを敷いているのですが，「正しい発音で素晴らしいですね」「大きい声での発言が立派です」「真剣ですね」「私より発音が良いくらいですね」「Very, very good！」などと積極的に参加しようとする生徒を必ず褒めます。良いものを良いと判断するのが当然ですが，その当たり前のことが言葉として発話されていないということが往々にしてあるのです。「はい，次」「はい，次」の繰り返しでは「たぶん自分の発音は合っていたのだろうけれど，良いのか悪いのか」それが明確にならないのです。マイナス評価のときでも「ちょっと違うかな？　次の練習はしっかりね」「もう少し大きい声でお願いします」と必ずフィードバックします。実は，このように言われて，ネガティブに捉える生徒はいません。一人ひとりにフィードバックがあるということが生徒には重要なのです。全員のこと見ているからね，期待しているからねという気持ちが伝わることが縦糸を張るのです。指導が通らない，授業が崩壊しかけている，などの要因は，生徒を褒めないところから端を発しています。一人ひとりの努力を評価しますよ，失敗したとしても一人ひとりを認めていますよ，という土台なくしては授業で勝負していくことは不可能です。

しんがり♡・ブレーキ☆

❹家庭学習

「家庭学習で何を学習したらいいか教えてほしい」という生徒がいるとします。教科担任の中には，「何を学習してきてもいいよ」と家庭学習の内容を指定しない教師もいるようです。理由を聞くと，「せっかくやる気になっているんだから，やりたいと思うことをやらせるべきだ」とか，「家庭学習をしようとする意欲を維持させることが優先」という意見もあります。しかし，１年生が家庭学習をする場合は，宿題のシステムと同じく，その日何を学習すべきかを必ず教科担任が指定してやるべきです。その時期に学習している内容に関連していて，その日または翌日の授業で理解が深まるような内容や近々行われるテストで出題される内容などを具体的に指示します。私の場合は英語ですが，30分でできるものと１時間かかるもの，さらに，基本と応用レベルを提示し，いずれかを選ばせます。どれを選んでも，しっかりとできていれば，「関心・意欲・態度」の評価点として記録を残します。家庭学習をして楽しかった，

面白かった，という経験をしたくて生徒は家庭学習をするわけではありません。しっかりと力がつけられて，しかもテストの点数が上がった，という目に見える，測定可能な結果に反映できるような家庭学習を続けさせたいものです。

　家庭学習は必ずノートに，そして，取り組んだ日の日付を書かせます。その日授業がある教科は授業が始まる前に教科担任へ，なければ朝のうちに担任に提出してもらい，担任から教科担任に渡します。

さきがけ♥・アクセル★

❺定期テスト計画と反省

　１年生にとって初めての定期テストには緊張と不安がつきものです。テスト範囲が発表されると，自分が何点くらい取れるのか，仲間とかけ離れたような結果になりはしないか一層心配になってきます。定期テストの意義だけでなく，ここでしっかりとテストに向けた計画を立てさせ，それを着実に実行に移していくよう指導することが担任には求められます。第一に，目標はそれを達成したかどうか明確にわかるものという縛りが必要です。「一生懸命勉強する」「できるだけ学習する」「ゲームの時間を減らす」などを目標として立てても，達成したかどうかは曖昧で，その判断も人によってまちまちです。私は，数字かアルファベットを入れることというルールを設定しています。「５教科合計300点を超える」「１学期末の評定で９教科合計36以上を目指す」「20時〜22時までは携帯OFFで勉強」などです。日々の学習計画はその日の他の予定とともに書かせなければ意味がないため，塾や部活動の予定表，家の予定など必要な情報を計画立ての日はすべて持参させます。計画表が完成したら，担任がチェックする項目は，①その生徒の力にその目標は妥当か②その生徒の性格と行動パターンからいって日々の学習計画に無理はないか③その計画通り実行すれば，目標を達成できるかどうか，の三つです。多くの生徒は計画通り実行して自信をつけ，不安を安心に変えていきます。しかし計画通り実行しない，できないことが「悪」ではありません。自分がプロクラスティネーター（やるべきことを締め切り直前まで先延ばしする人）であることがわかること，それならどのようにして目標を設定し，達成すべきなのか考えさせることが重要なのです。

しんがり♡・アクセル★

❻不登校傾向生徒への学習指導

　様々な理由で登校できない生徒への学習指導にもいくつか工夫が考えられます。教室で授業を受けられない生徒であっても，本人と保護者の希望や意志があれば「職員室登校」や「別室登校」での学習指導で毎日をつないでいきたいものです。「自分の学級の生徒なのだから，担任が空き時間に面倒を見るべき」との意見もありますが，不登校傾向生徒の指導は主に学年所属の副担任が担当すべきです。担任は常に自分の学級全体に目を向けるべきであって，日々起こるトラブル対応や生徒指導事案，保護者連絡は担任が行うわけですから，不登校生徒への対応もマストとなると完全に疲弊してしまいます。ここでは担任との信頼関係は優先されるべきでありません。担任を含めても，学年すべての教師がローテーションを組んで不登校生徒の短時間登校対応にあたるべきと考えます。

ここでもシステムの確立が功を奏します。1日の配付プリントはときに膨大な枚数になります。前日のお便り類と教科から出されたプリントをすべて翌日に短時間登校生徒に渡せるシステムをつくっておきます。欠席生徒の机の中にはクリアファイルを入れておき，隣の生徒はプリントの向きを揃えてファイルに入れるのが仕事です。放課後に担任がそのファイルを回収し，もう1枚のファイルを入れておきます。ファイルには内側から日付の付箋が貼ってあります。どの教師が対応しても登校時にはまずそのファイルの中のプリントを渡して，内容を確認します。その中のプリントからその時間に取り組ませたいもの，帰宅してから家庭でできるものを選別します。短時間登校生徒にはワークをやらせておけばよいという意見もありますが，教室で行われている授業をタイムリーに把握させるところがカギです。長らく教室に入っていない生徒は，自分が戻るときの学級の反応，そして，今授業で何をやっているのか把握できていないことに対する不安をもっています。この不安を解消する意味合いももたせたいものです。

　授業プリントを作成するときに短時間登校生徒への工夫をしておくことも重要です。対応はその日によって美術の教師かもしれないし，体育の教師かもしれません。5教科のプリント指導をするには「情報」が必要です。ですからプリントを作成するときには，そのプリントの目標とゴール，教科書のどの頁を参考にするか，何分で取り組むか，など授業では口頭の指示で済ませるものを文字にしてプリントの中に予め入れておきます。授業の中でプリントを指導しながら，解答例を書き入れ，欠席生徒分コピーして，プリントファイルが引き継がれるまでにファイルに追加しておきます。そうすれば，担当者が誰であってもどの教科であっても，短時間登校生徒と一緒にプリントに取り組むことも不可能ではありません。しんがり♡・アクセル★

3 学習指導の意義

　生徒一人ひとりが授業に意欲をもって取り組み，楽しさ，充実感，達成感を感じ，自己肯定感・自己有用感が育つような「わかる」「楽しい」授業は，考え抜かれた「ユニット」を効果的に組み合わせることで実現できます。このような授業では，教師と生徒の間には縦糸が，生徒同士には横糸がスピーディに張られていきます。しっかりとした太い糸を張ることは，休み時間などのコミュニケーションだけではなかなかできません。1時間1時間の授業を着実に積み重ねていくことで学級が出来上がっていきます。

　また，学習指導はある時は生徒指導，ある時は道徳指導でもあります。思春期の多感な時期に，授業から多くを学び，得られるような実践を模索していきたいものです。

（高橋　美帆）

6 教室環境

　新入生を迎えるための準備は多々ありますが，そんな学級開きの計画を立てるうえで考えておくべきことの一つが教室環境でしょう。確かに教室環境が直接的に学級に大きな影響を与えるわけではありません。しかし，有名な「割れ窓理論」が示すように雑多な環境で生徒に学校生活を送らせることが間接的に様々な悪影響を生み出すこともまた事実です。まるで漢方薬のように，じんわりと，しかし確かに学級に良い空気をもたらしてくれる。これが教室環境です。

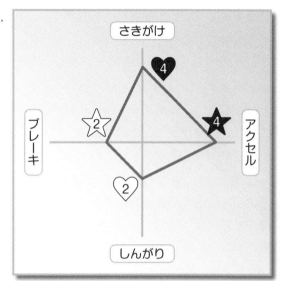

　最低限の掲示物や文房具を置く，という意味だけの環境づくりではなく，教室に多くの潤いをもたらしてくれる，そんな教室環境づくりをしたいものです。

✓ 担任力チェックリスト

- ☐ 整然とした教室の規準をもっているか
- ☐ きれい好きな性格か
- ☐ 生徒を歓迎するような雰囲気づくりを得意としているか
- ☐ 絵を描いたり，ものを作ったりするのを得意としているか
- ☐ レイアウトの計画を立てることを得意としているか
- ☐ 係生徒を動かすことができるか
- ☐ ものを作るときに質の高いものを作るコツを知っているか
- ☐ 普段は大人しいがものづくりを得意とする生徒を活躍させようという意識があるか
- ☐ 掲示物づくりが得意な子を「育てる」という意識があるか
- ☐ 掲示物を通して学級に潤いを生み出そうという意識があるか

1 教室環境の目標

　1年生の教室環境づくりにおける目標は大きく二つあります。一つはなんといっても中学校という社会への適応を促すことです。小学校から新しく入学してきた1年生。彼らはまず中学校の様々なルールを覚えなくてはなりません。これらをすべて説明だけで理解しろというのは当然無理なことでしょう。「中1ギャップ」が叫ばれて久しいですが、この「中1ギャップ」を解消するために一役買うような教室環境を目指したいものです。

　もう一つの目標はシステムづくりです。掲示物を係の生徒が管理していけるように育てる必要があります。また掲示物づくりは1年生のときにどのくらいのレベルのものを作成したかが進級後の大きな規準となってきます。1年生のうちからで手を抜かず質の高いものを作ることができるようにしたいものです。

2 教室環境の手立て

🌱始業式前：生徒を迎える準備
❶掃除

　当たり前すぎて見過ごされがちなことですが、これから生徒と1年間を過ごす教室です。これでもかというくらいに教室をきれいにして生徒を迎えることから教室環境づくりは始まります。

　ちなみに私はこのタイミングで右の写真のように机を並べる目印を床にマークしてしまうのをここ数年の通例としています。清掃当番のときなどに、「机をきれいに並べる」ということは誰もが意識するところですが、目印があることでどこに並べればよいのかがはっきりします。中には「中学生にもなってそんなマークがなきゃ並べられないなんて……」と考える方もいることでしょう。確かに、その学校の実態に合わせて、という形で構いません。しかし、1年生の場合、どんな生徒なのか想像がつきません。特に特別な支援を要する生徒の場合、机の並びに必要以上のこだわりをもってしまう子もいます。どんな生徒かわからない以上、最初は自分が思いつく限り、最大限の丁寧さで迎えるのがベストです。必要でなければ2年生になったらやめる、あるいは、年度途中で消えても書き直さずに、以後線なしで机を並べるようにすればよいのです。

　また、この「目印づけ」は1年生に起こりがちないじめの予兆である「机同士を離す」ことにも対応できます。机を1人ずつ離すような座席配置にするのであれば話は別ですが、隣り合う生徒同士の机をくっつけた座席配置にするのであれば、このマークから机の脚がずれていることをきっかけに「机をきちんとくっつけよう」と指導することが可能になるのです。ちなみ

にこの指導は年度当初，最初の1人を見逃さない，という心構えが大切になります。

　なぜここまで机を揃えることが大事なのか。それは何よりも1年生のうちに整然と机が並んだ状態を経験させること。この1点に尽きます。空間が整然とした状態の気持ちよさ。これを体感した人間にしか「机をきれいに並べなさい！」の「きれい」の規準や価値はわからないものです。

　実は私が現在担任している3年生の教室にもこの線は存在します。教室掃除が素早くできるため，おおむね好評のようです。学期末の大掃除ではいくつか消えかかっていた線があり，「どうする〜。この線はまだ必要か〜？」と訊いたのですが，「あった方が便利です！」と自分たちで水性ペンを使って上書きをしていました。

　年度末にはこの線を消して教室を引き渡すことになりますので，当然のことですが消せるペンでマークを書くようにしましょう。　　　　　　　　　　　さきがけ♥・ブレーキ☆

❷教室備品を点検する

　掃除が終わったら，次に教室備品の点検です。特に机・椅子など，個人が使うものに対してはかなり念を入れてきれいにし，破損やがたつきを点検しましょう。新鮮な気持ちで中学校の教室に入ってくる1年生。入学してきて最初に座った机に落書きがあったらどんな気持ちでしょう。あるいは椅子の木から棘が出ていて真新しい制服やストッキングに刺さってしまったら……。当然前にその教室を担任していた先生も掃除はしていってくれているでしょうから，これらのトラブルが起こる確率は限りなく低いものです。それでももし何かハプニングが起こってしまったら，その子は「あぁ，自分はそれほど歓迎されていないのかもな……」と感じてしまうことでしょう。さらにはその話を伝え聞く保護者の印象はどうでしょう。他のことでいくら懸命に準備をしていても，これらのハプニング一つでその生徒との関係づくりにおいて良いスタートが切れなくなってしまうかもしれないのです。確かに確率は低く，すべての教師が念入りにしていることではないでしょうが，良いスタートを切るために必要なことと心得ましょう。

　入学式には多くの保護者が教室に来ます。机・椅子をはじめ，きれいな教室で生徒と保護者を迎え，新鮮な気持ちでこれからの中学校生活をスタートしてもらう。こんな当たり前のことから生徒や保護者との関係づくりは始まっているのです。

　他にも絵が得意であれば，最近流行の黒板アートなども歓迎ムードをつくるうえで有効な取り組みと言えます。　　　　　　　　　　　　　　　さきがけ♥・アクセル★

❸掲示板の使用計画を立てる

　勤務校の教室の特徴によるところが大きいので「このように掲示物を貼るべき」という決定版のようなものはありません。しかし学級に届く掲示用のプリントをランダムに貼るというのでは見やすい掲示板にはできません。また最初から掲示物を担当する係の生徒に掲示をすべて任せるという手法もありますが，1年生はまだ中学校生活を送ったことがないのですから，掲示物の年間の予定など立てようがありません。また運悪く（？）大雑把な性格の生徒が掲示物

の係になってしまった場合には，先述のランダム掲示になればまだ良い方で，多くの場合はどんどん掲示が雑になり，年度途中で生徒のだらしなさを叱責し，教師が一緒に貼り直すという事態になるかもしれません。果たしてこれは係の生徒のだらしなさのせいなのでしょうか。たとえだらしない生徒が係になったとしても，生徒の手で掲示物を管理していけるようなシステムを用意しなかった担任の責任もあるのではないでしょうか。1年生を担任する場合には，ぜひ入学式の前に1年間の掲示板の使用計画を立て，どんな生徒が係になったとしても運営できるシステムを用意しましょう。

　ところでこの掲示板の計画を立てる際にはいくつかコツがあります。

　一つ目に，3月の各学級の掲示物の状況を確認することです。これをしておくことで勤務校の掲示物にはどのようなものがあるのかという全体像を把握することができます。「避難経路図」のようにどの学校においても必ず掲示するものはもちろん「学習のきまり」など学校独自の掲示物，さらには生徒会から発行される掲示物にはどのようなものがあるかがわかります。これらを「貼らなくてはいけないもの」「貼りたいもの」「貼らなくてもいいもの」に分類し，4月からの自分の教室の掲示物の年間計画を立てるのです。さらに一時的に掲示するような各種コンクールなどの案内もありますので，一時的な掲示物スペースも確保しましょう。ちなみに私の場合，毎年3月頃に，勤務校のすべての教室を携帯電話のカメラ機能を使って撮影して回ることにしています。携帯電話ですと，いつでも気軽に写真を見返すことができるのはもちろんですが，同僚の「掲示物名人」の教室を記録にとどめることができます。また後述する班ポスターのモデルをデータとして集積することも可能になるのです。

　二つ目に，教室前面の使い方です。授業中の妨げとならないよう，教室の前面，つまり黒板のある壁には何も掲示しない，というのが最近のスタンダードになりつつあります。しかし多くの学校では掲示スペースの少なさと，「貼らなくてはならない」掲示物との兼ね合いから実際には前面を使用しないと収まらない，ということが多いようです。そこで私は教室前面に掲示するものは最小限にとどめつつ，授業中に刺激の少ない掲示物だけを前面に貼るようにしています。具体的には「避難経路図」など，文字情報の少なく，あまり派手な色でないものを中心に配置します。あるいはここに視覚疲労の回復に効果がある観葉植物などを置いてみてもよいでしょう（詳しくは後述）。

　上記の点に配慮したうえで計画を立てたら，係の生徒が運営していけるような準備を整えます。具体的には，通信や生徒会便りのようにどんどん更新されていくタイプの掲示物については，写真のように封筒型のファイルを使って差し込んでいくだけのスタイルにするのが効果的です。これだと係の生徒が取り組みやすいのはもちろん，プリントが溜まってきたときに過去のプリントを処分するのも簡単です。私が勤務する札幌市の学校では多くの場合，発行されるプリントの種類

がA4に統一されているため，サイズの違いで困ることはほとんどありません。

また校内で決められている掲示物など年間を通して貼り続けることになるものについてはラミネート加工をし，きれいな状態を1年間維持できるようにしましょう。細かいことですが，画鋲は必ず四隅すべてを留めるなどして，整然とした状態が維持できるようにしたいものです。いずれにしてもこれらの計画については係活動開始後に係生徒と共有することで，生徒が自主的に掲示物を管理できるような土台づくりをしていくようにします。　さきがけ♥・ブレーキ☆

❹観葉植物を置く

私は学級に観葉植物を置くようにしています。単に私が好きで置いている，というのが正直なところですが，観葉植物には空気の清浄効果，ストレスの軽減作用，知的生産性の向上など様々な効果があることが実証されています。特にヨーロッパでは生産性の向上のため，オフィスに観葉植物を置く企業が増えているそうです。またこれらの効果までは感じられなくとも生徒の自然を愛でる心を育てる役割を担い，生徒が植物の成長に自分たちの成長を重ね合わせるようなことが期待できます。

肝心なのはこれらのことを年度当初に生徒にきちんと語って聞かせることです。学級通信などを用いて紹介してもよいでしょう。例えば，学級内で係を決める際に，「この観葉植物はこの学級のために私が用意したのです。なぜ置いたかというと〜」といった形で期待する効果を語ります。観葉植物というモノを通して生徒に自分の想いを届けることができるのです。

他に，これはあくまで私の実感ですが，観葉植物があった方が学級内で乱暴な行動を取る生徒が減るような気がしています。これはおそらく鉢を倒してはいけないと，子どもが考えるからではないかと自分なりに分析しています。もちろん生徒が誤って倒してもいいように鉢はプラスチック製のものを選ぶなどの配慮が必要です。　さきがけ♥・アクセル★

🌱始業式後：生徒の手を入れる

●掲示物は質の高いものを作らせる

入学式を終え，いざ学級がスタートした後はどんどん生徒の手が入った教室環境をつくっていきます。具体的には班のポスターや当番表，個人目標などが挙げられるでしょう。

これらの掲示物を1年生に作成させるときの要点を一つ挙げるとするならば，「質の高いものを作らせる」ということです。1年生のときに質の高い掲示物を作らせることには以下の二つの効用があります。

一つ目は体感です。中学校の掲示物とはかくもレベルの高いものなのだということを体感させておくことで，生徒は進級後も掲示物づくりをなめなくなります。1年生のときにあれだけのものを作ったのだから，2年生ではあれ以上のものを作ろうという意識を植えつけることができるのです。1年生のときに経験した様々な技術を自分たちで活かし，より質の高いものを志向するようになることでしょう。逆に1年生のときにいい加減なものを作らせてしまうと，

54　教室環境

生徒に「掲示物などこの程度でいいのだ」と感じさせてしまうことになります。進級後に掲示物を作るときに掲示物は適当でいいと思わせる原因となってしまうのです。

　二つ目は手先の器用な生徒の活躍の場をつくることです。この手の生徒はそもそもものづくり自体が好きなことがほとんどですから，たとえ係の仕事でなくとも喜んで掲示物づくりに協力してくれます。こうして出来上がった掲示物は当然学級の生徒の目を引きます。学級の掲示物全体の質が高い中でも，一際目を引くものを作れば学級の仲間も自然とその生徒を認めることになります。このタイプの生徒に成功体験を味わわせることで，進級後もこの生徒は掲示物の作成に積極的に取り組みます。これまで担当した学級で掲示物の作成が得意な子がいて重宝した経験はないでしょうか。こういう生徒を１年生のうちに意図的に育てていくのです。

　ではどのようにすれば質の高いものを作らせることができるのでしょうか。簡単かつ効果的なのは，班ポスターなどの掲示物を作る前に具体的なモデルをなるべくたくさん提示することです。できれば現物があった方がよいですが，もしなかったとして先述した「掲示物名人」の教室の画像を教室のテレビに映し出して見せることで代用できます。いずれにしても，生徒が具体的なイメージをもって作業をすることができるようにするのです。例えば右の班ポスターでは各自が小さく切った画用紙に仕事内容などを書き込み，大きな画用紙に貼り付ける，という形式をとっています。これにより，作業が効率良く分担され，サボる生徒が出にくくなっています。掲示物というと一部の係の子の

仕事というイメージが強いですが，これなら確実に全員の手が入った掲示物ができるのです。またこのときは班の写真を入れることをルールとしていたのですが，写真が入ることで一気にポスターの質が高まります。

　こうして質の高い掲示物を作ると，掲示物へのイタズラが格段に減り，潤いのある雰囲気づくりにつながります。

3 教室環境の意義

　１年生では教師主導で便利な環境を提供し，きれいな環境を体感させることが大事になります。小学校によっては整頓された教室環境を経験していない生徒もいるかもしれませんので，中学校の教室の「規準」を生徒の意識に植えつけることを念頭に置くべきです。この整然とした状態の心地良さを味わうことで，２年生以降につないでいくのです。もし学年で足並みを揃えることが可能であれば，その効果は倍増します。

　いずれにしても直接口頭で指導するだけではなく，教室環境によって望ましい方向に導く，という視点をもつことで様々なアイディアが浮かんでくるように思います。　　　（髙橋　和寛）

旅行的行事

旅行的行事は多くの学校で総合的な学習の時間の一環として行われ，発達段階や地域の特性に応じた個性的な実践が行われています。

１年生の旅行的行事では，「集団の育成」に重点を置いた学びを展開します。学年が上がるにしたがって，重点は集団から個人へと移行していきますが，「『個を育てる』とはどうしても「集団化」を経てからこそ成り立つことである」（野中信行『学級経営力を高める３・７・30の法則』学事出版，2006）とあるように，個人の成長よりも，集団としての成長や力の見極めを先行させます。

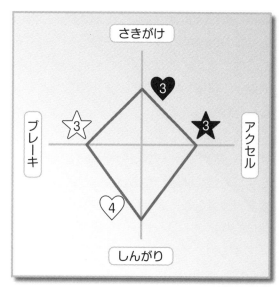

また，集団の力の伸長を図るのが主目的ではありますが，学級の枠を越えた人間関係評価の場であり，さらに小学校や家庭での生活経験の質も垣間見られるなど，その後の学級経営に多大なヒントをもたらします。

 担任力チェックリスト

- ☐ 学年教員団での役割分担は明確か，スキマはないか
- ☐ 教師の方から生徒集団に関われるような関係を築けているか
- ☐ 話しかけてくる生徒はいるか
- ☐ 目立たない生徒に学年団で目をかけているか
- ☐ 教師と生徒，生徒相互の人間関係を把握しているか
- ☐ リーダー的生徒の「リーダー性」の分析をしているか
- ☐ 疑問や心配を相談できる先輩教師がいるか
- ☐ 若手の意見を聞く雰囲気が学年内にあるか
- ☐ 学年内に情報を共有するシステムがあるか
- ☐ 協働する雰囲気が学年内にあるか

1 旅行的行事の目標

　1年生の旅行的行事の目標は，学年集団の力の見極めにあります。つまり，集団の強みと弱みを知り，そこを伸ばしたり補ったりする方向性を探ることです。そのため事前に，学年集団をどのように変容させたいのか，次年度にどのようにステップアップするのか学年教員団で議論し確認しておく必要があります。

　1年生の旅行的行事では，学校を離れた空間で生徒と教師，生徒相互が共通の経験を通じての距離感を詰めることに重点を置き，先生方も一緒に学び笑い，感情を共有することを心がけましょう。

　この行事で強く意識することは生徒の**成功体験**です。楽しい経験を通して仲間と協力して物事を成し遂げる心地良さを味わわせることが次年度の宿泊研修への期待や意欲につながります。

　実施時期にもよりますが，1年生の旅行的行事の大部分は教師が設定した枠組みに沿って進行することが多いと思います。リーダー生徒には資質や能力に応じた支援をしつつ，フォロワーについても，あるべき姿についてイメージをもたせましょう。

　また，目立たぬ生徒に意識的に注目し，自己有用感を高めるような声かけをし，集団行動への安心感をもたせる必要があります。

　生徒たちは小学校でも総合的な学習の時間や修学旅行を経験してきたとはいえ，中学校での学びに不安があります。不安や困難を抱えながらも，協力することで乗り越えられそうだという意欲・見通しをもたせ，自主的・自立的に活動できるように支援していきます。年度当初のオリエンテーションで，1年生での総合的な学習の時間の流れや，行事の日程・内容，時数，中学校で求められる学習の質を伝えます。

　学びのまとめ方や発表の仕方にも熟慮を要します。3年間の旅行的行事を見通して段階的に質の高いまとめになるように，1年生段階での手法や質を設定します。

　集団としての機能を発揮させるには，全員に安心・安全を保障しなくてはなりません。そのためにルールは徹底して守らせることを要求し，グレーゾーンをつくらないゼロ・トレランスで対応します。生徒指導において，1年生で与えたものを2・3年生で取り上げることは不可能であると強く心得てください。教師が決定する事項と，生徒が決定する事項は明確に分離し，生徒にもそれを自覚させます。

　本来，旅行的行事は各学年とも教師とともに生徒が「参画」してつくるものです。しかも，学年が上がるにつれて求められる参画の度合いは強くなります。1年生の旅行的行事は，まだ「参加」の色が強いかもしれませんが，それでも「参画」の初歩的要素は組み込みたいものです。蒔かない種は芽が出ません。1年生の旅行的行事は単年度で完結するものではなく，3年生の修学旅行へのスタートであると学年団で共通理解を図ります。

第2章　必ず成功する学級経営　365日の学級システム　中学1年　57

2 旅行的行事実施の手立て

🌱事前準備段階

❶学年FMC対応を理解する

　3学級程度以上の学年ならば，学年内にF型（father／父性）教師，M型（mother／母性）教師，C型（child／子ども性）教師がいるはずです。もちろんこれは固定されたものでなく，TPOによって変化し使い分けるものですが，傾向としてこの3パターンの教師によって学年団は構成されているはずです（もしそうでなければ教師が意図的に「演じる」必要があります）。

　例えば，生徒指導畑をすすんできた教師は父性傾向が強く出ているでしょうし，ミドルエイジの女性教師は母性的傾向が表れているでしょう（もちろん，特定のキャラクターのみでなく，多かれ少なかれ他のキャラクターも持ちあわせています）。その中で，あなたは自分のキャラクターを意識的に確立していくのですが，自分の個性から選択していってもよいし，学年団を見渡して不足しているキャラクターに挑戦するという選択をしてもよいでしょう。

さきがけ♥・アクセル★

❷C型キャラを醸し出す

　学年団の先生方の顔を思い出してください。この学年団があなたに求めている，若しくはあなたがあなたらしさを発揮できるキャラクターを考えましょう。

　若手のあなたがすんなり入り込める，または，これならいけそうだと感じるキャラは何でしょう？　そうです，C型の子ども性のキャラです。まだ若く，生徒と近い年齢のあなたはそれだけで生徒との距離感ではすでに他の教師より前に立っているはずです。

　C型教師は，すすんで生徒の輪の中に入っていかなくても，知らず知らずの間に生徒との距離は詰まっています。きっとあなたが廊下を歩いているだけで何人もの生徒が話しかけてくるのではないでしょうか。なので，自分から一歩踏み入らなくても，生徒から距離をどんどん詰めてきます。

　あなたが意識しなくてはならないのは適度な距離感を保ち距離を縮めすぎないことです。何気ない一言や態度が「裏切られた」と取られてしまう距離感にいることを忘れてはいけません。

さきがけ♥・アクセル★

❸事前準備に広く関わる

(1) リーダー生徒との関わり

　学年内で分担して旅行的行事の準備に取りかかりますが，若いC型教師のあなたに任される仕事は重くはならないはずです（よくあるのはレク担当といったところではないでしょうか）。もしも可能ならば，ベテラン教師とペアでの学年協議会の担当を希望しましょう。

　学年協議会の担当となったら生徒の近くに座るようにします。そして，先輩教師の指導風景

58　旅行的行事

を見て指導の意図を考えながら，適度な距離感（あれこれ手出しはしないが，見守っている距離感）で生徒と接します。また，生徒がやりたいと思っていることを察知し相談に乗り，「こんなことをやりたいようですよ……」とベテラン教師への橋渡しや根回しをします。

　そんなふうに関わりをもとうとしていると，メイン担当の教師から生徒の活動をサポートする仕事を振られます（若しくはあなたから申し出ます）。最初，あなたは生徒の「モデル」として動きますが，生徒が動き始めたら一歩引いて見守る立場に徹します。この段階では実動は生徒に任せて極力干渉せず，生徒に達成感・成功体験を積ませます。　しんがり♡・アクセル★

(2)　消極的な生徒・担任との関係が良くない生徒との関わり

　これこそ学年団があなたに期待する最大の任務かもしれません。

　若いC型教師のあなたは，自分から寄って来られない大人しい生徒に積極的に声をかけて距離感を詰めることに努めましょう。自分から先生に話しかけられる生徒はさきがけタイプの先生に任せ，それについていけない，こぼれ落ちそうな生徒に「一緒にやろう」というメッセージを伝え，実際に傍で一緒に行動して安心感を与えます。特に目をかけ手をかけるのは反応の鈍い子です。そういう子は集団での行動に不安があり，その不安が積極的な参加を阻害しています。そういう生徒に子ども性で接近し，「一緒ならできそうだ」という見通しをもたせます。積極的に話しかけ，その生徒の特技を見抜いて集団に貢献させて自尊感情を高めましょう。

　また，学級担任と関係が良くない生徒とも接点をもち，思いを聴きます。

　関係が進展して生徒がすすんで話しかけてくる，若しくは話を聞いてもらいたそうな素振りを見せる場合はじっくり話を聴き，そこで得た情報は学年団でできるだけ共有します。ここで意識することはその生徒を「担任に返す」ということです。あなたにとっては少々寂しいことかもしれませんが，「チーム学年団」としては大切なポイントです。　しんがり♡・アクセル★

🌱旅行的行事当日
❶生徒との関わり方
(1)　リーダー生徒との関わり

　リーダー生徒の活動を付かず離れずの距離感で支えてきたあなたは，当日はできるだけ存在を消しましょう。もしもあなたの支えが大きかったとしても，ここは生徒を信じて任せきり，大きな成功体験を味わわせます。それによりリーダー生徒は高い評価を受け，それが自信や達成感，自己有用感を育みます。　さきがけ♥・アクセル★

(2)　大人しい生徒との関わり

　ここまで一緒に活動してきた大人しい生徒とは，当日もできるだけ近くにいて安心感を与え続けます。例えばバスの座席も前方でなく，生徒たちの中に座り，生徒の視野に入るようにします。

　しかし，いつまでも付きっきりというわけにもいかないので「大丈夫だからね」と準備して

きたことを確認し見通しをもたせて，少しずつ距離を取りましょう。また，後述するように記録係（写真係）として動き回りながら，他愛のない話をして楽しい時間を積み重ねます。

`しんがり♡・アクセル★`

❷学年団でのC型教師の役割

C型教師に勧めるのは記録係です。カメラやビデオを持って生徒たちの間を動きましょう。なぜ，記録係がオススメかというと，多くの生徒に広く浅く接することができるからです。ここでも意識するのは大人しい生徒です。カメラを向けると顔を隠すこともあるかもしれませんが，本心から写りたくない生徒はいません。安心できる条件（仲良しと一緒など）をつくれば自然と笑顔が出てきます。写真をたくさん撮ることは「見ているよ」「大切に思っているよ」というメッセージにもなります。

先生方の「リーダーばかりでなく普段大人しいあなたたちも同様に大切に思っていますよ」というメッセージは，言葉としてではなく，このような行動を通してより確実に伝わります。

`しんがり♡・アクセル★`

🌱事後指導

❶プラスの評価をする

学校に戻ったら早いうちに反省・振り返りをします。

全体の反省集会では行事前後の変容を具体的に示します。素晴らしかった，良かったという抽象的な表現よりも，どこがどんなふうに良かったかを示します。改善点についても同様に，どこをどのように直せばよいのか具体的に改善への道筋を示します。生徒たちは反省というとマイナス面ばかり出してきますが，良かった点，できていた点に気づかせ褒めることも重要です。

そもそも反省は次に活かすために行うものです。ならば「良かった点」はともかくとして，「できなかった点」「良くなかった点」という表現にしないことです。「できなかった点」としてしまうと，この点ばかりが強調されてしまいます。ですから「こうすれば良かった点・やり直したい点」というように生徒自ら改善につながる思考ができるようなポジティヴな表現にして振り返ります。

`さきがけ❤・アクセル★`

❷まとめの作業への関わり方

反省とともに取り組むのが「学びのまとめ」です。1年生段階ではPCを使ったものよりも，模造紙や冊子にアナログ的にまとめられることが多いのではないでしょうか。そのまとめの作業でも積極的に生徒たちと交流します。ここでも意識するのは大人しい生徒です。まとめている様子を後ろから覗いて声をかけましょう。その際の会話には，評価をさりげなく盛り込みます。生徒が自分では気づかない素晴らしい点や，印象に残っている点など，まとめに役立ちそうな一言を伝えてまとめの作業を支援します。

`しんがり♡・アクセル★`

❸関係性をつなぐ

　準備期間からこの行事を通してC型のキャラクターで生徒と接してきたあなたは，その後もこのキャラクターを意識して生徒と接します。

　この行事で「楽しさ」を共有できたならば，生徒たちは益々あなたに寄ってきます。さらなる悩みを打ち明けられることもあるでしょう。ここは友達として聞き役に徹し，話が始まったら生徒が自分から腰を上げるまでじっくり付き合う覚悟をもちます。時間を厭わずじっくり聞いてくれたという事実があなたへの信頼度を高めます。

　また，何かアドバイスを与えるときには「Ｉメッセージ」で伝えます。「〇〇するといいと思うよ」というように，アドバイスを与えながらも最終的な選択は本人にさせるようにします。

　こうして築いてきたキャラクターでベテラン教師では知り得ない情報を得て今後の指導に活かします。もちろん，学年全体で共有すべき情報は担任を含めて慎重に協議しますが，「誰にも言わないでね……」といって話してくれたことや，デリケートな内容について，心に秘めておくべきか判断がつかないときは学年主任や管理職にそっと相談して助言をもらいます。

　もしその後キャラクターを変える必要が生じた場合は，生徒に「ちょっとキャラを変えるよ」と宣言して少しずつ変えていきます。いきなり接し方を変えると，特に大人しい生徒にとっては変化に対応できず「冷たくされた」と取られかねません。できれば，大きくキャラクターを変えるのは学級編成を伴う進級時など，生徒を取り巻く環境が変わるときに一緒にするのが望ましいでしょう。

`しんがり♡・アクセル★`

❹次年度への見通しをもつ

　反省集会などで，生徒たちに改善点を示したならば，あなた自身も行事を振り返り，次のステップを考えます。集団としての変容を目指した1年生の旅行的行事ですが，次年度以降は個人の変容を目指します。リーダー生徒を中心にした集団の力や雰囲気を利用して個人の伸長を図り，リーダー生徒のさらなる質的向上を目指すとともに，新たなリーダーの発掘や，フォロワー生徒の目指すべき姿についても視野に入れていきます。

`さきがけ♡・アクセル★`

3 旅行的行事の意義

　学年団にとって，1年生の旅行的行事は，毎年実施される旅行的行事の基礎データになります。特にリーダー性の確認や，行事に取り組む姿勢を見ることは，今後の体育祭や学校祭（文化祭）に大いに活かされます。また，今回はリーダーとして前に出られなかった生徒にも，自ら動き学ぶ楽しさ，リーダーとして成長するとはどのようなことかは語っておきたいものです。

　そしてあなた自身にとっても，自分のキャラクターについて深く考える機会をもったことは，今後の教員人生の資源になるはずです。

（高橋　勝幸）

8 体育的行事

体育的行事は，実施する種目や内容によって「体育祭」「運動会」「球技大会」「陸上競技大会」など様々な名称があります。この行事は，多くの場合，合唱コンクールや学校祭の前に行われます。したがって，体育的行事を成功させることができれば，これ以降の学級経営が軌道に乗るだけでなく，後の行事に対しての生徒たちのモチベーションを高めることができます。裏を返せば，この行事を失敗という形で終わらせてしまった場合，教師は，自身の学級経営の在り方を見直さなければなりません。学級開きの日から積み重ねてきた日々の教師の実践が最初に形となって現れる行事，それが体育的行事です。

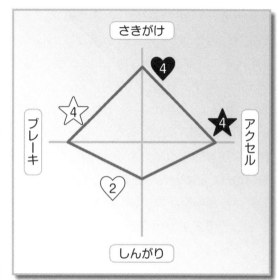

✓ 担任力チェックリスト

- ☐ 学級におけるルールづくりや，係活動・当番活動をシステム化することを得意としているか
- ☐ 教師自身，自分がどのようなキャラクターかを理解しているか
- ☐ 運動を苦手としている生徒の気持ちを理解し，それを他者に伝えられるか
- ☐ 体育的行事のタイプを理解し，それに応じたリーダー選出を意識しているか
- ☐ リーダー生徒や一般生徒の活躍の場を保証し，彼らの所属感を高めることを意識しているか
- ☐ 学級の雰囲気を高める話を得意としているか
- ☐ 行事へ向けて，生徒たちの気持ちを高めていく手立てを考えることが好きか
- ☐ 教師自身が遊び心をもっているか
- ☐ 生徒たちとともに，行事を楽しむことができるか

1 体育的行事の目標

　１年生の体育的行事の目標は，学校行事に対して一生懸命取り組むことの楽しさを生徒たちに経験させることです。つまり，生徒たちが，この行事終了後に「また来年も体育祭をやりたい」「次の合唱コンクールも楽しみだ」といった学校行事全般に対する期待感を高められればよいわけです。また，１年生にとって，体育的行事は，中学校へ入学後，最初の全校的な行事となることが多いようです。したがって，ここでの体験は，生徒たちが中学校３年間の行事に対してどのように関わっていくかを左右することになります。学級担任は，３年間の学校行事のスタートだということをはっきりと意識して行事へ臨みましょう。

2 体育的行事の手立て

　体育的行事は，勝敗の決定方法によって，「学級対抗型」と「組団対抗型」の二つに大きく分けることができます。

　学級対抗型の体育的行事は，陸上競技大会や球技大会のように，最終的な勝敗が学年内の学級ごとに決定する行事です。この行事は，学級内の結束を高める意味合いの強い行事です。

　一方，組団対抗型の体育的行事は，運動会や体育祭のように，生徒を１年生から３年生までの縦割りのグループ（組団）に分けて勝敗を決定する行事です。この行事は，学級内の結束はもとより，他学年との結束も重視されます。また，３年生が下級生に応援の方法を教えるなど，上級生がリーダーシップを発揮する場面が多くなるのも組団対抗型の特徴です。

　自分の学校で行われている体育的行事がどちらのタイプなのかを把握したうえで，以下の取り組みを意識していきましょう。

🌱学級の雰囲気づくり（事前指導）
❶生徒たちが安心できる環境を整える
⑴ 学級における生活基盤を形成する

　学級は，生徒たちが毎日生活する空間です。そこには，生まれも育ちも異なる多様な生徒たちが，彼らの意思とは関係なく集まっています。このような学級の中で，生徒たちが安心した生活をおくるためには，学級のルールづくりが重要な鍵を握っています。少なくとも，堀裕嗣先生が提唱している「３・７・30・90の法則」でも言われているように，学級開きをスタートとした最初の30日間で「学級のルールを定着させ，システム化する」必要があります（『必ず成功する「学級開き」魔法の90日間システム』明治図書，2012）。

　担任教師が，その場しのぎの学級経営を行ってしまうと，生徒たちは，徐々に学級や教師に対する不満を募らせていきます。そして，その結果として様々なトラブルが発生し，学校行事

に一生懸命取り組める環境から遠ざかっていきます。まずは，学級ルールの定着とシステムを機能させることを第一に考えましょう。

`さきがけ♥・ブレーキ☆`

(2) 相手を思いやる意識づくり

体育的行事には，競技を行っている仲間を応援する場面がつきものです。この応援が，仲間にとって心地良いものになっているかどうかが成功への分岐点となります。応援を行う場面で，仲間に野次をとばしたり，運動が苦手な生徒に対して冷笑をおくったりする生徒がいるだけで，当日の雰囲気は台無しになります。また，出場種目決定の際にも，相手のことを考えなければうまくいかない場面があります。教師は，日々の実践の中で，相手のことを考えて行動することの大切さを言葉と態度で示していく必要があります。

`しんがり♡・ブレーキ☆`

❷リーダーの選出

(1) 学級対抗型の行事におけるリーダーを選出する場合

学級対抗型の行事の場合，特別なリーダーシップを必要としません。ただし，仲間を応援する場面があるため，学級のムードメーカー的存在の生徒であれば雰囲気づくりが比較的うまくいきます。仮に，仲間への声かけが苦手な生徒であっても，やる気と人望があれば挑戦させても構いません。

ただし，教師は，リーダーに対して積極的に働きかける必要があります。どうすれば学級をまとめられるか，リーダーはどのような行動をとるべきかなど，そういったことを教師がリーダーに教えることが大切です。

`しんがり♡・アクセル★`

(2) 組団対抗型の行事におけるリーダーを選出する場合

組団対抗型の行事は，学級対抗型の行事に比べて，上級生と関わる場面や，学級全体に連絡事項を伝達する場面が多くなります。場合によっては，全校生徒の前で話したり，組団の応援の手本を見せたりといったこともあります。そのため，同級生だけでなく，上級生ともうまくコミュニケーションをとることができる生徒，人前で話すことへの抵抗感が小さい生徒が望ましいと言えます。

また，将来の学年リーダーを育てるという視点も大切です。学年の先生たちの話し合いの中で，誰を将来的なリーダーとして育てていくか，共通の認識をもつ必要があります。

ただし，教師の積極的なサポートが必要であることでは，学級対抗型行事と変わりません。

`しんがり♡・アクセル★`

近年，体育的行事に向けての練習期間や練習時間が短くなってきているように感じます。行事の内容によっては，練習時間が体育の授業だけという場合もあり得ます。そのため，教師は，どのようなリーダーを育てていくか，そのために学級でどんな場面をつくる必要があるのかといったビジョンを明確にしてリーダー生徒に働きかけていく必要があります。このようなビジョンを教師がもたずに体育的行事へ臨んでしまうと，リーダーは活躍する場面を失い，名前ばかりのリーダーとなってしまいます。こうなった場合，リーダー生徒は，学級をまとめたとい

う実感や達成感を味わうことができません。最悪の場合,次の行事からリーダーを避けることも考えられます。

教師がリーダー生徒と打ち合わせを行いながら,リーダーが学級全体へ声をかける場面,今日の活動を振り返る場面などを意図的に設定しましょう。　さきがけ♥・アクセル★

❸出場種目の決定
(1) 出場種目を決定する方法

出場種目を決定する学活の中で,話し合いを行って決定していきます。このとき,教師が話し合いにどれだけ積極的に関わるかを考える必要があります。話し合いのレベルは,次の四つのレベルに分けて考えることができます。下の図は,四つのレベルをグラフで表したものです。横軸に教師の支援の多さ,縦軸に生徒たちの話し合いにおける決定の自由度を示しています。

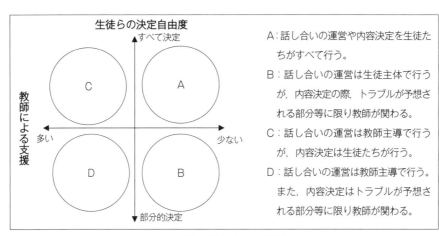

図　話し合いの段階

4月からの学級経営の流れと,生徒たちの実態にもよりますが,中学校入学後,最初の行事であることから,教師による支援が多く,生徒間のトラブルのリスクを小さくするという観点から,Cの形式が望ましいでしょう。

(2) 生徒同士が納得する選手決定を行う

種目によっては,希望者が多く,なかなか種目決定ができない場合があります。こうなれば,誰かが相手に譲るという以外に進む道はありません。このような話し合いの展開になった場合,必ず教師の目の届くところで話し合いを行わせましょう。なぜなら,教師の目の届かないところで,生徒だけで話し合うと,生徒の力関係が種目決定に影響を及ぼすからです。

希望種目が重なった生徒たちが話し合いを通して,互いに納得したうえで種目決定を行うためには,教師のサポートが必要です。教師が仲介役となり,生徒らに安心感をもたせ,うまく話し合いを進めてあげましょう。ただし,完全に納得するということは,ほとんどないということも事実ですが,自分の希望を相手に譲った生徒に称賛の声が送られるとうまくまとまる場合が多いように思います。　しんがり♡・ブレーキ☆

(3) 欠席者の種目決定について

　種目決定を行う場合，不登校傾向の生徒や当日欠席した生徒への配慮が大切になります。学校を休んでいる間に勝手に決められたというのは，人間誰しも，いい気がしないものです。

　不登校傾向の生徒に対しては，できる限り選手決めを行う前に「出場希望種目」と「希望順」を本人に確認するとよいでしょう。また，当日欠席した生徒については，その日の学活が始まる前に，電話連絡等で出場希望種目を確認するとスムーズに話し合いが進みます。ただし，時間的に電話連絡が厳しい場合もあります。そのようなときは，話し合いの際に生徒たちから情報を収集し，希望しそうな種目の話し合いを先延ばしする，もしくは今回の話し合いの決定を仮決定としてもう一度話し合うことを約束します。

　いずれの場合も，欠席生徒に「忘れられた」という思いをもたせないことが大切です。

しんがり♡・ブレーキ☆

❹目標（テーマ）を設定して臨む

　学級全体で共有できる目標やテーマを決めて体育的行事へ向かうことで生徒たちの意識を高めることができます。ただし，目標を決定するための授業時間を確保することは難しいのが現状です。そこで，朝学活や帰り学活などの短い時間を使って，目標を気軽に設定してみるのもよいでしょう。目標という言葉が堅苦しければ，「合言葉」や「キーワード」など表現を柔らかくしても構いません。学級の仲間たちで気軽に口ずさめるもので，気持ちが盛り上がるテーマを設定しましょう。

　また，個人目標を立て，それを学級全体に可視化できる状態にすることも気持ちを高めることに効果的です。個人目標を可視化することで，学級の仲間がどのような意気込みで行事に臨むのかがわかるようになります。可視化の手段としては，学級通信や，学級への掲示などが考えられます。学級担任は，一人ひとりの目標を学級全体で共有できるよう工夫しましょう。

しんがり♡・アクセル★

❺体育の授業を参観してみる

　自分の学級の体育の授業に参加したことはあるでしょうか。体育教師が担任である場合を除いて，なかなか見る機会はないと思います。しかし，自分の授業時間の空き時間が，学級の体育の時間と重なっているとき，思いきって見学してみるのも一つの手です。生徒たちの普段は見ることのできない姿，表情を見ることができます。また，生徒の意外な運動神経に驚かされる場面も少なくありません。生徒が体育の授業へ臨む姿勢は，そのまま体育的行事への参加姿勢につながることが多いように思います。生徒の実態を知るためにも，参観することをお勧めします。

さきがけ❤・アクセル★

🌱当日～これからの学校生活へ向けて

❶体育祭当日

　学級担任は，朝学活の中で，生徒たちの気持ちを最大限に高める言葉がけを行いましょう。この内容は，これまでの雰囲気づくりの過程，生徒の実態，教師のキャラクターによって異なりますが，私は，３分程度でシンプルに語ることを目安にしています。学級のリーダーにバトンを渡し，当日の雰囲気をつくりましょう。このとき，生徒の体調の良し悪しも把握することも忘れてはいけません。

　あとは，競技の進行を見守るだけですが，教師もできる限り生徒たちに声援を送りましょう。声援を送ることが苦手な場合は，競技後の生徒に対して積極的に声をかけましょう。学級担任の積極的な行動が，学級に一体感を生み出す原動力となります。

　行事終了後は，学級で集合写真を撮影します。この写真の中の生徒たちの表情が生き生きとしていれば何も言うことはありません。

さきがけ❤・アクセル★

❷次なる生活へ向けて

　体育的行事終了後の学活で，１日の振り返りを行うことも大切です。教師からは，今日の個人的感想と，次の行事や日常生活へ向けての方向性を示す程度にとどめ，あとはリーダー生徒に託しましょう。もしも，体育的行事を通して学級の課題が見えた場合は，その後の学級経営で課題を克服できるよう工夫しましょう。やはり，日々の実践の中でこつこつと積み重ねていくしか方法はありません。

さきがけ❤・アクセル★

3 体育的行事の意義

　生徒たちが，それぞれの競技へ打ち込み，自分自身の最善を尽くす。そして，その姿を仲間たちに応援されたり，自分が仲間を応援したりすることを通して学級における互いの存在を認め合う。これが体育的行事のもつ意味合いです。人間は，互いにその存在を認め合ったとき，その関係性は深まり，集団としての力が高まっていきます。また，１年生にとっては，入学後最初の行事ということもあり人間関係の輪を広げる（あるいは深める）良い機会です。学級担任は，行事へ向けての良い雰囲気をつくりながら，生徒―生徒間の関係，あるいは教師―生徒間の関係の向上を意識したいところです。

　加えて，小学校にも体育的行事は存在しますが，中学校の内容と同じということはまずありません。つまり，１年生における最初の体育的行事が生徒たちの３年間のモデルとして機能するわけです。また，多くの場合，２年生へ進級する際にクラス替えが行われます。つまり，このメンバーで取り組めるたった一度きりの行事でもあります。学級担任としては，できることは最大限やるという心構えで臨む必要があります。

（新里　和也）

通知表

通知表は，生徒にとって学習面と生活面の自分の努力の結果が見られるものです。保護者にとっては所見があるからか「個別にもらえるお手紙」のように受け止められているようです。

読み手は，まず各教科の評価・評定を見て，そして「行動の記録」，最後に「所見」へと目を移していきます。冷たい数字と記号の羅列を見た後に，あたたかい担任からの文章に触れる。そんなイメージをもって作業にあたりましょう（※各教科の評定についてはここでは触れません）。

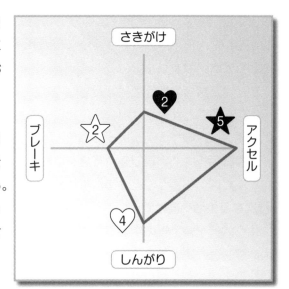

担任力チェックリスト

- ☐ 小学校からの引継ぎ資料や指導要録に目を通したか
- ☐ 自校の通知表は，別紙プリントなどでわかりやすさへの配慮がなされているか確認したか
- ☐ 普段から生徒のエピソードを書き留めているか（もしくは何らかの手段で収集しているか）
- ☐ 先輩教師の所見文をいくつか読んでみたか
- ☐ 事前に生徒の自己評価をとったか
- ☐ 自校の所見文の規定の文字数を確認したか
- ☐ 所見に集中できる環境をつくることができるか
- ☐ 生徒によって所見の分量に差がないか
- ☐ 「行動の記録」と「所見文」がリンクしているか
- ☐ 書き上がった所見を見てくれる先輩教師がいるか（管理職以外）

1 通知表の目標

　学校という場所は，生徒の成長を助ける場所です。そして，保護者にとっては，学校や担任の先生は自分の子どもを成長させていくパートナーということになります。通知表は，そんなパートナー同士が，一人ひとりの成長のための共通理解を図る場所となるのです。

　まず，１年生の通知表の目標は，**生徒と保護者にきちんと理解してもらう**ことです。

　小学校各教科において最も高い評定である「大変良い」が多かった生徒が，中学校に入ると各教科の評定で５段階の真ん中である「３」が多くなってしまう，通知表での「中１ギャップ」も指摘されています。

　また，小学校では各観点の評価のみで各教科の評定は出ていない場合もあるので，中学校に入って初めて各教科の評定を目にする保護者もいます。さらに，各観点は３段階でつけているのに中学校から評定は５段階（小学校は３段階）ですから，わかりにくくて当然なのです。ましてや，相対評価（集団に準拠した評価）で育った保護者が絶対評価（目標に準拠した評価）を理解するのは難しくて当然です。そこで，各学校で教務部を中心として別紙の説明をつけるなどして「わかりやすさ」への努力が求められています。学校体制で丁寧な説明がなされていない場合は**担任の裁量で学級通信等に通知表の見方をやさしく解説**した方がよいでしょう。教務主任などのベテランに相談してみてください。

　中学校での評定は指導要録にも記載し，それが高校入試の資料とつながっていきます。そういった意味では小学校とは重みが違います。中学校の教員は，一生を左右するかもしれない「評価」を生徒につけている「権力者」であることを十分に感じながら作業にあたり，わかりやすく説明する必要があるのです。

2 通知表作成の手立て

❶所見を書く際の心構え—「エピソード＋指導言」を基本とする—

まずは以下の二つの所見の例を読んでください。

①体育大会などの行事だけでなく，清掃や給食などの当番活動にも手を抜かず頑張ったのは素晴らしいことでした。　学習面でも，すべての教科において集中力のある姿が印象的でした。２学期の活躍にも期待しています。	②体育大会の選抜リレーでは，アンカーとして怒濤の追い上げを見せ，見事１位。他のメンバーと喜び合う姿がとても印象的でした。　学習面でもすべての教科に集中力のある姿が印象的な裕嗣君，２学期も周りを引っ張っていけるような働きを期待しています。
98文字	116文字

　さて，ほぼ同じ字数で内容もよく似た二つの所見。どちらの印象が良かったでしょうか？

　おそらく，②の方が好印象だという人が多いはずです。それは②の方がエピソードが具体的に書かれているため，読んでいる人の頭に映像が浮かびやすいからではないでしょうか？

　反面，①の文章では体育大会，清掃，給食，学業面での活躍と取り上げている場面は多いの

ですが，どれも読み手が具体的なイメージを描けるほど丁寧には書かれていません（また，多くの場面に触れてしまったがために，2学期以降書く材料に困るかもしれません）。

　②のような所見は，読み手のイメージを喚起し，〈情〉に訴えかけることができます。このような所見を書くためには，普段の観察が大切です。行事で目立つ生徒は書きやすいものですが，大人しい生徒，目立たない生徒こそ丁寧に書いてあげたいものです。普段の生活に目を向け，しっかりとエピソードとして記録を残しておきましょう。

　このように，所見の基本形は，「具体的なエピソード＋指導言」とし，生活面と学習面，双方に触れます。あとは各学校で決められている長さに合わせてエピソードを二つにしたり，調整していけばよいのです。

　また，普段からエピソードを書き留めておくことは，保護者や生徒にとって興味をひく学級通信を書くことにもつながります。

しんがり♡・アクセル★

※本シリーズ2年生版では生徒を見るための「目」を増やすこと（自己評価と相互評価の記録シート）について，3年生版ではリフレーミング（短所に見える特性を長所として捉え直す）について書いてあります。そちらも参考にしていただければと思います。

ミニコラム ▶ 多くの所見文に触れておく

　近年は通知表の電子化が進み，校内 LAN の共有ファイル上で通知表データが保存されていることが増えています。そのため，その気になれば（過去のものも含めて）たくさんの先生の所見を実際に読んで参考にすることができるはずです。若手からベテランまで，様々なタイプの所見を読んで，良いと思ったものについては，どういった視点で所見を書いているのか直接聞いてみることです。そういった相談をしておくことで今後も何かと気にかけて教えてくれる関係になれたら一石二鳥です。その先輩に書き上がった所見を（管理職に提出する前に）見てもらうのも効果的です。本で学ぶのもよいのですが，直接的なコミュニケーションに勝るものはありません。

　市販の所見文例集を買うのも一手です。まずはたくさんの所見文に触れないことには何が良いのか悪いのかもわからないかと思います。どういったものが〈情〉に訴える良い所見なのか，自分の中で明確にしていく作業が必要です。

---

❷行動の記録をつける際の心構え─所見と相互補完すべし─

　一部では通知表に行動の記録を載せない学校もあるようですが，毎学期行動の記録をつけることで，それが所見の文章のヒントになります。反対に，所見の内容から考えると，行動の記録で〇をつけるべき場合が出てくることもあります。つまり，「行動の記録」と「所見」は相

70　通知表

互補完の関係があるということです。

　書くことがなくて困っている生徒がいて「基本的生活習慣」に〇がついている場合，なぜ〇をつけたのかに立ち返ります。挨拶が良いのならば，その挨拶の良さについて丁寧に記述するのです（もちろん△をつけた場合には必ずその説明を所見文の中に入れる必要があります）。反対に，挨拶を所見で褒めておいて，「基本的生活習慣」に〇がないのはダメです。その部分が「行動の記録」と「所見」でリンクしていなければいけないのです。下に各項目について見る視点の例を表にしましたが，各学校でこのようなものを作っている場合も多く見受けられますので，まずはきちんと教務部と確認をしてください。

しんがり♡・アクセル★

項　目	普段の生活で見る視点
基本的生活習慣	言葉遣い　挨拶　返事　姿勢　家での生活リズム　チャイム着席
健康・体力の向上	部活動での頑張り　良い歯の生徒　給食の好き嫌い　保健室の利用回数
自主・自律	家庭学習の頑張り　授業中の粘り強さ　忍耐力　自ら進んで仕事をする
責任感	係・当番の仕事　提出物　約束を守る　最後まで働く
創意工夫	学級目標の話し合い　学級掲示物作成のアイディア　係や当番の仕事の工夫改善
思いやり・協力	係・当番活動での協力　級友が困っているときの声かけ　授業中の教え合い・学び合い
生命尊重・自然愛護	動植物への興味・関心・世話
勤労・奉仕	清掃や給食当番への取組　ボランティア活動への参加　人のために行動をする
公正・公平	差別や偏見のない態度　いじめを許さない　周りの長所を認める行動
公共心・公徳心	校則を守る　交通ルールを守る　公共物を大切にする　教室や学校備品を丁寧に扱う

※なお，「行動の記録」と道徳の内容項目にも相互補完関係がありますが，それについては本シリーズ2年生版で触れています。

1学期：長所発見，肯定的評価

❶やる気と長所を引き出す

　中学校に入り，教科担任制，定期考査など，様々な変化に保護者も生徒も不安になっています。だからこそ，1学期の通知表では長所や肯定的評価を載せることで，保護者を安心させると同時に生徒のやる気を引き出したいところです。

　1学期の通知表を考えたときに，まず担任としてやっておきたいのは，引継ぎ資料や小学校の指導要録にきっちりと目を通し，一人ひとりの生徒の長所をチェックしておくことです。元々備わっている長所に目を向け，その良い部分を存分に引き出していく姿勢をもっていなければなりません。

さきがけ♥・アクセル★

第2章　必ず成功する学級経営　365日の学級システム　中学1年　71

❷良い意味で「中1ギャップ」を利用する

　また，小学校で少々問題傾向があった生徒でも，中学校に入る際の緊張感や，教科担任制との相性の良さ，人間関係の変化，本人の「仕切り直し」の意識等が影響するのか，驚くほど違う面を見せてくれることがあります。「中1ギャップ」というと不登校の増加，勉強に対する「あきらめ感」の増大など，とかく悪い面ばかりがクローズアップされますが，実際には様々な環境の違いがあるからこそ，心機一転で伸びる生徒もいます。「なんだ，引継ぎで言われたほどのことはないねぇ」などと職員室で笑い話になるのはよくあることです。そういった良い変化を事前に保護者に伝えられていることが望ましいですが，そうでない場合には「所見」がその機能を果たします。抽象的な言葉ではなく，具体的なエピソードを書くからこそ，保護者の頭の中のイメージを刺激し，〈情〉に訴えることができるのです。旅行的行事（遠足・フィールドワークなど）や体育大会の際に記録をとっておくことが大切です。　さきがけ❤・アクセル★

🌱2学期：1学期からの成長点

　中学校生活にもだいぶ慣れてきた2学期。運動部では3年生が引退し，生徒会役員選挙が行われ，ただの「お客様状態」だったところから，中学校の一員として主体的な行動が求められるようになってくる学期です。「緊張で全員が頑張る1学期」から夏休みを経て「一人ひとりの『地』が見え始める2学期」とも言えるでしょう。

　また，多くの学校で文化祭（学校祭）や合唱コンクールが行われるのもこの時期です。行事を通して大きくクラスや個人が成長する様子をしっかりと記録し，所見に活かしましょう。
　しんがり♡・アクセル★

🌱学年末：さらなる成長点

　1学年に複数の学級がある場合，多くは1年生修了時に学級は解体となり，新たな学級編成が行われることでしょう。そういった意味では一人ひとりの生徒とお別れするつもりで作る通知表になります。こちらが1年間愛情を注ぎ，それに応える成長を見せてくれた生徒が，自分以外の先生でもきちんとやっていけるように餞（はなむけ）の言葉を贈るのです。2学期からのさらなる成長点と，今後2年間の中学校生活への期待を込めた所見を書きましょう。　しんがり♡・アクセル★

※所見については，インターネットで「所見　10箇条」と検索すると堀裕嗣先生の書かれた「通知表の所見欄―書き方十か条」について読むことができます。是非参考にしてください。
http://kotonoha1966.cocolog-nifty.com/blog/2015/02/post-16c9.html
『生徒の意欲を引き出す　中学生の通知表所見欄記入文例』小学館教育技術MOOK，2006，pp.6〜10

3　通知表の意義

　中学校生活の方向性を決める最初の1年間。保護者と担任が同じ方向を向いて助け合える関

係を築いていくためにも，家庭訪問，学級懇談，学級通信等で情報を共有していくことが大切です。中でも通知表は，すべての保護者が目を通すはず。貴重な機会であることを肝に銘じ，機能させていかなければならないのです。

ミニコラム 「所見の神様」を降ろすには？

「なかなか所見の神様が降りてこないなぁ」。学期末の職員室でよく聞く台詞です。冗談半分とはいえ，追い詰められて「神」が降りてこないと書けない，つまり本当に集中した状態でないと書けないのが所見というものなのでしょう。

ちなみに，職員室で仕事に集中していると「あ。もうこんな時間！」などという経験が皆さんもあるのではないでしょうか。そのようにある行為に没頭し，我を忘れている状態を「フロー状態」と言います（「ゾーン状態」とも言います）。スポーツ選手が「周りの動きがスローモーションで見えた」などと言うのは極限の集中状態である「フロー状態」になっているからだと言われています。詳しくはそれぞれでお調べいただくとして，私たちがすぐにできそうなコツをお伝えします。

○**邪魔されることを事前に防ぐ→予想される問題点を回避する**

まず，職員室で所見を書くことをやめてみましょう。

残念ながら職員室は皆さんの集中を妨げるものであふれています（笑）。

外部からの電話（ベテランは「若手が電話とれ」と暗黙のプレッシャーをかけてきていませんか？）。話しかけてくる先輩教師（ぞんざいな態度はできませんよね？）。不意に思い出す別の仕事など……。

思いきって校内で一人になれる場所に行くと，自然と集中力が増し，神様が降りてきてくれるかもしれません。

○**できるだけパソコンを使わない→発散は広い場所，収束はパソコンで**

また，パソコンは，清書のための入力装置だと考えましょう（ついついネットを開いたり，別の仕事を思い出したりするなど，パソコンも仕事を邪魔してきます）。

ギリギリまで紙に向かって箇条書きでアイディアを書き留めます。その際は広く使える場所で様々な資料を広げて，一人ひとりの生徒に対して少し多めの情報を盛り込んでいきましょう（思考を発散させる段階）。

アイディアがたまったら，ようやくパソコンに向かい，箇条書きをまとめた文章にします。最初は少し長めの文章を作り，そこから削ったり校正していくとよいでしょう（思考を収束させる段階）。

（河内　大）

装飾活動

　学校行事では，校内の装飾が大切な意味をもっていると言ってよいでしょう。装飾活動は表現活動の一つです。生徒に，集団での制作活動の楽しさや普段と違う経験をさせるのはもちろんですが，グループ内の人間関係やコミュニケーションを学ぶ場にもなります。また，校内を装飾することで行事の雰囲気を盛り上げたり，生活空間に華やかさや楽しさを演出したりすることができるでしょう。

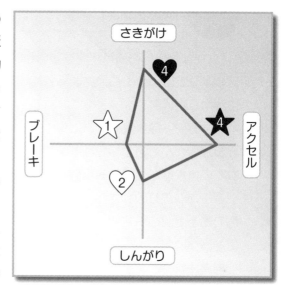

　装飾についての考えや目的を明確にもつことによって，より有効な教育活動になります。ただ作って飾るのではなく，日常の生活に結びつくような活動を目指したいものです。また，１年生だけではなく，学年によって目的や活動内容を使い分けられることができ，それによって生徒に力がついていきます。

✓ 担任力チェックリスト

- ☐ 他校訪問時に装飾に注目しているか
- ☐ ホームセンターや文具店が好きか
- ☐ 折り紙や大工仕事が得意か
- ☐ 制作時間を意識できるか
- ☐ 他教科の教員と連携はとれているか
- ☐ 制作の際，生徒内の人間関係も考慮できるか
- ☐ 装飾の分野が得意な生徒を把握しているか
- ☐ 試作品は必ず自身で作っているか
- ☐ 生徒の失敗を予測できるか
- ☐ 装飾活動が日常生活と結びついていることを意識しているか

1 | 装飾活動の目標

　装飾活動は，活動する集団の形態が多様にあります。学級単位，学年内で希望をとって分けられる部門会，希望者のみで編成される実行委員会など，これらの集団は性質が違います。また，能力も大きく違うでしょう。ですから，教師側が集団に適した目的をもって活動することが大切です。また，美術や技術・家庭科など授業との連携や生徒の興味関心を意識することで，日常の生活や学級での掲示物制作などにもつながります。

　活動過程やその後の生活をイメージして取り組み，通常授業と違う経験をさせましょう。やりがいや達成感を味わい，自信につなげていくことでその後の学校生活に潤いがもたらされます。

2 | 装飾活動で必要な手立て

🌱体験してわかる喜び

　初めての体験もやってみると「意外とやりがいがあり楽しい」と感じたり，完成した作品を見て「思っていたより良いかも」と感動することが生徒の自信につながります。生徒が「まずはやってみよう」と思えるように教師は様々な場面で工夫をしましょう。

❶教師主導の活動

　生徒のタイプを大きく二つに分けると，初めての体験が嬉しいタイプと敬遠してしまうタイプがあります。生徒の多くは制作活動を喜びますが，中には「面倒くさい」「自分は不器用だから」と苦手意識をもつ生徒もいます。そこで，敬遠してしまうタイプを考慮して，今までに経験したことを応用した作業内容を選択しましょう。

　この場合，はじめから生徒に企画させるより，ある程度教師主導で活動させる方法があります。特に1年生は，中学校での作品の完成度や活動のイメージをもっていません。資料などを準備し鑑賞させても，見たもののまねだったり小学校の活動を繰り返したりすることが多いようです。教師が生徒につけさせたい力を意識し，集団や能力を見極め「今回はこれをみんなで作ってみないか」と提案することも大切です。

　しかし，完全な教師主導では，生徒が「自分の作品だ」と誇りをもつという目的が薄くなりがちです。そこで，作品のテーマを一緒に考えるとよいでしょう。この場合，できるだけ大きなざっくりとした「雪」「宇宙」といったようなテーマや，「暖かい感じ」など抽象的なものにとどめておきましょう。その後教師の作品の選択にゆとりが出て考えやすくなります。

さきがけ♥・ブレーキ☆

❷やりきる喜びを経験させる

　制作の得意な生徒は新しいことでもチャレンジしたり，うまくいかないときも試行錯誤した

第2章　必ず成功する学級経営　365日の学級システム　中学1年　75

りして自分の力にしていくことができます。しかし，制作活動が苦手な生徒はうまくいかないと自信をなくし，ますます苦手意識をもったり作業が雑になったりしてしまいます。

　そこで，全員に同じ作業をさせるのではなく，能力に応じた分業制にする方法があります。そのときは，生徒をいくつかのグループに分けます。グループの内訳は3タイプです。一つは作業が苦手な生徒が多い「苦手」グループです。ここには必ず得意な生徒を1名入れましょう。この1名は作業時に「先生」として指導者的な立場になります。「先生」に選ばれた生徒は嬉しい気持ちになり，苦手な生徒は頼りにできることで安心感をもちます。ただし「先生」の人選は生徒の人間関係をよく考慮しましょう。人選を誤ると「先生」一人に作業を押しつける場合があります。生徒の力関係やキャラクターをよく見極めて人選します。

　次に作業が得意な生徒ばかりの「プロ集団」グループと「混在」グループをつくりましょう。「プロ集団」グループは能力の高いグループなので簡単な作業では満足せず，周りを手伝い結果的に他の生徒の仕事を奪ってしまう場合があります。難しい作業や作品の完成度を大きく左右する作業を「君たちに任せる！」といった方向で任せてみましょう。「プロ集団」は作品にこだわりをもち，プライドがある場合があります。任されることで，満足感と達成感を味わうことができます。「混在」グループは人数や人間関係の調整に役立ちます。

　ここで重要なのは，作業の難易度をいくつか用意することと，能力より少し上の難易度を意識することです。また，「苦手」グループと「混在」グループには，作業の速さや量で達成感を感じさせ，「プロ集団」グループには高いクオリティーを要求しましょう。そうすることで，能力に関係なくみな達成感を感じ，作業もやりきることができます。「頑張って作った」という達成感だけではなく，苦手意識のある生徒が「みんなでやればできる」「やってみたら楽しかった」といった気持ちになれることを目標としましょう。そして，注意しなければならないのは能力別にグループ分けされていることを，露骨に出さないことです。

さきがけ♥・アクセル★

❸出番と居場所をつくる

　集団の中には，地味な作業も正確にコツコツ続けられる生徒や，絵を描くことやものづくりが好きな生徒がいます。そういった生徒の多くは，集団の中ではあまり目立たなかったり，生徒間の交流を苦手とする生徒だったりします。装飾活動はそういった生徒に自信をもたせ，周りに認めてもらう良い機会になります。先に述べたように，グループづくりを一工夫することで周りの生徒から一目置かれたり，褒められる場面が増えます。周りの生徒が気づかないような努力も，教師が全体に共有させることでさらに褒められる場面が増えていきます。あまり目立ちたくない生徒でも，得意分野で認められ頼りにされるのは悪い気はしません。また，普段交流のない生徒とも関係をつくりやすくなります。今後の学級経営や日常生活を考え，この点に重きを置いて活動することをお勧めします。

　番外編的な扱いにはなりますが，どのグループでも能力的，性格的に適応できない生徒が希

76　装飾活動

にいます。そういった生徒は，人の役に立つことで自信をつけたり達成感を味わったりする傾向があります。雑用といっては聞こえが悪いですが道具の準備や片付け，簡単なお手伝いを頼みましょう。教師が「○○君が準備してくれました。助かりますね」といった声かけをすることで，他の生徒から「ありがとう！」と言われる場面が生まれます。「ありがとう」と言われることは，その生徒にとってとても良い経験になります。

さきがけ♥・アクセル★

❹リーダーを育成する

グループ分けや作業分担を生徒と話し合いながら行う方法があります。ただし，１年生の場合はまずリーダーたちと行う方がよいでしょう。この方法は，リーダーたちが組織をつくるうえで大切なことを学ぶ機会になります。はじめから集団全体で話し合いを行ってしまうと，自分の希望ばかりを優先して教師のねらいから大きく逸れることがあります。まずはリーダーたちから理解させ学ばせましょう。

教師からは，制作の手順と日程，作業内容やグループ数を提示します。リーダーたちはその内容を把握し見通しをつけます。一番肝心なのはグループ分けです。全体のバランス，個々の特性や性格を考慮しながらグループをつくっていきます。ここで教師は，リーダーたちが気づいていない点や問題点を細かく問いかけて意識させましょう。問いかけによって気づき，学ぶことを目的とします。例えば，「このグループで○○さんと仲が良いのは誰？」と問いかければ，リーダーたちはひとりぼっちになる人をつくってはいけないと学び，他のグループにも同じ観点でチェックを入れることができます。また「このグループで××の作業ができる人は何人？」と問いかければ，グループの能力のバランスにも気を配るでしょう。このようにリーダーたちには，組織をつくる際は平等に周りの生徒を見てバランスをとることを学ばせます。この力は，行事だけではなく学級経営にも役立ちます。

しんがり♡・アクセル★

❺作業時間に見通しをつける

作業をする際は，準備や片付けも限られた時間の中に入ります。作業に熱中するあまり片付けの時間が確保されずいい加減な片付けになってしまったり，ひどいときには教師だけで片付けを行うなんてことにもなりかねません。生徒に時間の見通しをもつ力をつけさせたいものです。そこで，作業時の時間を区切っていく方法があります。例えば，準備は作業開始５分前には完了する。片付けは終了10分前から行うといったものです。生徒全体には「片付けは10分前の15：20です」など具体的な時間で指示をしましょう。また，忘れてしまう生徒もいますので，必ず黒板など生徒がいつでも確認できる場所に書くことが大切です。

はじめのうちは「準備は間に合いますか？」など声をかけ意識させましょう。できて当たり前ではなく，毎回できたら褒めます。特に一番最初に行動し始めた生徒には，必ず声をかけましょう。準備は目立たない取り組みだけに，少しでも励ましたいものです。

10分前にいきなり声をかけても，作業の区切りが悪ければ片付けに移ることができません。そこで20分前ぐらいから，「今何時？」「あと何分？」などと声をかけるだけで生徒は「あと

10分しかない！」と気づくわけです。これを毎回行うと，問いかけなくても時計を見て時間を意識した作業ができるようになります。「しっかり片付けよう」と声をかけても，時間が確保されていなければ片付けの内容は良くなりません。開始と終了の時間を意識させることで，作業自体の時間も意識されていきます。また，用具をいくつかの段ボールやかごで管理し，準備もその段ボールを運べばすべての用具が揃っている状態にしましょう。準備や片付けの時間短縮だけではなく，用具の管理も意識できます。段ボールやかごはできるだけ数を少なくし，誰が見ても装飾の用具であることがわかるようにします。　　　　　さきがけ♥・アクセル★

❦制作物の選択

　装飾活動といっても様々な場面があります。入学式，卒業式，文化祭など多くの行事で装飾活動が行われます。また，廊下，教室の掲示板，黒板，体育館，階段，玄関など装飾場所についてはさらに多様です。装飾形態も壁画，立体装飾，天井から吊すなどアイディアはいろいろあるでしょう。その多くの選択肢の中から生徒の実態を考え，生徒につけさせたい力を明確にし選択していくことが大切です。

❶作業内容と人数

　作業内容と生徒数は担当教師の人数と関係があります。一つの大型作品を作る際は，一気に生徒が集中しても効率良く作業できません。生徒の人数は少ない方が効率が良いですが，目安は30名で教師が1名と考えましょう。これ以上の人数は教師の目が届きませんし，細かい指示も出しにくいです。授業と同じ感覚です。大型作品の作業を分業制にするとさらに教師が必要になります。しかし，同じ作品を複数作り，ちりばめたり合体させるような装飾の場合は生徒数が多くなっても指示が出しやすいです。先に紹介した「先生」役の生徒を複数つくることによって，さらに完成度は上がります。

　作業内容によっては場所を広く使うため，生徒の作業場所が分かれてしまうことも考えられます。すべての作業場所に一斉に指示を出すのは難しいです。「先生」役の生徒の事前指導や時間の見通しの指導をしっかり行いましょう。　　　　　さきがけ♥・アクセル★

❷素材や画材の工夫

　装飾活動では，どのような素材を使うかで生徒の関心が大きく違う場合があります。折り紙や画用紙といった身近な素材であれば，切り方や折り方を工夫し生徒が今まで作ったことがないような形が好ましいです。今は折り鶴を作れない生徒が多くいる時代ですから，平面から立体への変化にも興味を示します。また，身近にあるものが装飾の素材になることがあります。一昔前はペットボトルのキャップや爪楊枝なども素材になりました。これらは制作時間が長くかかるため，今はあまり見かけなくなりました。予算とのかね合いもありますが，アルミホイルや紙コップなど安価で手に入る素材にも注目してみましょう。ホームセンターや100円ショップでも視点を変えて見ていると，たくさんの素材に出会えます。

美術や技術・家庭科の授業で使用する素材を，習った知識で応用するのも大切なことです。しかし，生徒が思いつかないような素材で興味関心を引くことも有意義です。「こんなもので作れるんだよ」と発想の楽しさを感じてもらいたいものです。生徒が家庭に帰り自慢げに家族に説明したくなるような取り組みを目指しましょう。

しんがり♡・アクセル★

❸パーツの集結

作業スペースの確保，能力に応じた満足度や達成感を考えると，先に紹介したような能力別分業制をお勧めします。生徒一人ひとりがパーツを作り，その集結が完成作品になるようなイメージです。例えば，廊下に吊すような装飾の場合は一つ一つの形も気になりますが，廊下という空間に各パーツが集結し，演出される全体像をもって制作物を選択しましょう。吊すものは360度の方向から見ることになりますから，その点も考慮するとよいです。壁画など大型の作品は，細かいこだわりよりも距離をとって見たときのインパクトを大切にすると失敗が少ないです。大型の作品は広い空間に展示する機会が多いため，近づいて見ることは少ないです。大きな空間で，ぱっと目に飛び込んでくるような色彩もよいです。中間色のみの組み合わせより，原色の使い方に重点を置きましょう。教室内や掲示板への装飾，廊下や階段に直接貼り付けるような場合は，壁や掲示板の色にも注意しましょう。また，教室や廊下などは設置を短時間で行うために，各パーツを連結させておくなどの工夫をし，パーツの位置決めなどの時間を省きましょう。全体に言えることですが，学校の空間は思っている以上に広いです。「少々大きいかな？」「大げさかな？」ぐらいで丁度よいように思います。作った生徒も，人の目に多くとまる作品の方が達成感を感じることでしょう。

さきがけ♥・アクセル★

3 | 装飾活動の意義

装飾活動は空間の雰囲気をつくるものです。また，演劇や合唱と同じように表現活動です。生徒たちの主張やメッセージを託すことも可能な取り組みです。作品としての完成度は生徒の満足度や自信に結びつくと思いますが，完成するまでの取り組み次第で結果は大きく違ってきます。最近は制作時間を縮小する傾向の学校も多いのではないでしょうか。現在の生徒は，手先の器用さや道具の使い方の能力に大きく個人差があります。その点でも多くの配慮が必要です。時数の関係で授業の教材もキットを使う傾向が強くなり，素材を使い一から作り上げるという経験が少なくなってきています。だからこそ，生徒に多くの経験をさせてあげたいものです。

装飾活動は仲間と協力する側面ももっています。そのため人間関係を勉強する良い機会でもあることを意識しましょう。協力することの難しさ，楽しさを経験し次年度につなげていくことができます。また，ここで活躍し脚光を浴びる生徒が必ずいます。私たち教師がどんな目的をもって作業の準備をするか，生徒と関わるかが大切だと考えます。

（長尾　由佳）

第2章　必ず成功する学級経営　365日の学級システム　中学1年　79

合唱コンクール

合唱コンクールは現在,中学校にとって学校祭・文化祭と並んで最も大きな文化的行事の一つとなっています。多くの場合,合唱コンクールは秋に行われるので,学級経営の中間評価的な役割を担う行事でもあります。この行事が成功すればその後の学級運営はスムーズに進みますし,失敗すればその後の学級運営に苦労が多くなることも予想されます。また,合唱コンクールを契機に,教師と生徒,生徒と生徒の人間関係が崩れるという危険性も内包した行事でもあります。

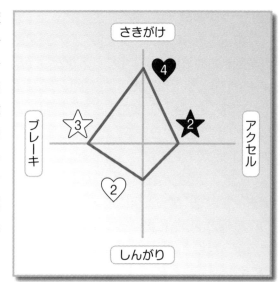

✓ 担任力チェックリスト

- □ 合唱コンクールという行事が好きか
  （※自分自身が合唱コンクールを楽しめる,或いは学生時代に楽しんでいた記憶がある）
- □ 3年間の合唱コンクール指導について,系統性を意識しているか
- □ 生徒たちへのインストラクション（合唱コンクールの価値）を得意としているか
- □ 学級に明るい雰囲気をつくることを得意としているか
- □ リーダー生徒（指揮者・伴奏者・パートリーダー）の具体的な役割が描けているか
- □ 合唱を不得意としている生徒たちの気持ちにシンパシーをもっているか
- □ 楽譜を読んだり,指揮をしたりといった専門能力をもっているか
- □ CDを焼いたり,動画を撮影したり,動画を編集したりといった技術に自信があるか
- □ 生徒と一緒に歌うことを楽しめるか
- □ トラブルをチャンスと考える心の余裕をもっているか
- □ 音楽教師や同僚教師と良好な人間関係を築けているか

1 合唱コンクールの目標

　1年生の合唱コンクールの目標は，良い合唱をつくること以上に，合唱コンクールという行事を**良い形で体験させること**です。「みんなで歌って楽しかった」「みんなで取り組んで有意義だった」という思いをできるだけ多くの生徒たちに抱かせる。これがないと，2年次，3年次と合唱コンクールという行事自体が次第に停滞していくことになります。この意識を学年の先生方全員と共有できると，3年間の合唱コンクールが有意義な行事になっていきます。

　もちろん，コンクール形式ですから，生徒たちは優勝を目指します。教師も生徒たちのモチベーションを高めるために「優勝を目指そう」と口では言うべきです。しかし，担任だけはそれ以上に大切なことがあることをしっかりと意識して臨まなくてはなりません。

2 合唱コンクール指導の手立て

🌱1学期：「構え」をつくる

❶帰属意識をもたせる

　合唱コンクールの成否は4月からの学級経営の成否にかかっています。行事に対して学級が一つになって取り組むという姿勢がもてるかどうかは，生徒たちが「みんなで取り組みたい」と思えるような帰属意識（学級への所属感）を抱いているかどうかに左右されるからです。どんな行事も，その行事が独立してあるのではありません。すべてはつながっているのです。合唱コンクールは特にその傾向を色濃くもつ行事です。　　　　　　　さきがけ♥・アクセル★

❷「合唱空気」をつくる

　学級結成時から「学級全員で声を出す」という場面をたくさんつくる。その際，学級担任も生徒たちと同様に声を出す。4月からこの二つを意識しましょう。朝学活・帰り学活での挨拶，授業の号令，体育行事での応援，各種行事でのかけ声，行事での学級写真撮影時の合図（「はい，ポーズ！」の類）などなど，みんなで声を合わせて楽しめる場面は実はたくさんあります。そういう雰囲気が学級の日常にあることによって，合唱コンクールという行事にスムーズに入っていけるのです。私はこれを「合唱空気」と呼んでいます。　　さきがけ♥・アクセル★

❸リーダー選出に配慮する

　合唱コンクールのリーダー選出はとても難しい，というのが実態です。合唱コンクールには指揮者・伴奏者・各パートリーダーなど，選出しなければならないリーダー生徒がたくさんいるわけですが，そのリーダー選びには多様な観点から配慮が必要だというのが現実です。

⑴　指揮者

　合唱コンクールにおいて，指揮者は最重要ポジションと言えます。一般的に立候補した生徒たちの中から選ばれますが，1年生では，小学校時代から目立つことが好きで，能力的にそれ

第2章　必ず成功する学級経営　365日の学級システム　中学1年　81

ほど高くないのに自分がリーダーシップを取れると考えている生徒が立候補することが多々見られます。また，１学期は生徒たちが中学校に完全には慣れておらず，まだまだ自己主張を通そうとする生徒が少なくない傾向にあります。１学期には担任から見ても「この子ならできるだろう」と感じた生徒が選出されたはずなのに，２学期になってみると意外にも我の強い生徒たちに押し切られてしまい，学級をまとめきれないということも珍しくありません。こうした生徒たちが合唱コンクールを機に不登校になるという事例も少なくありません。

　当然のことですが，指揮者に立候補する生徒たちには一度も合唱コンクールの経験がありません。ただ学級で歌を歌う，自分はそのリズムを取る，そのような「メトロノーム」になるようなイメージで立候補する生徒たちも決して少なくはないのです。その意味で，指揮者を選出する段階で，指揮者がどのような役割と責任を担うのかを事前に学級全体にしっかりと伝えることが大切です。そのうえで，能力的にそれほど高くはない生徒，精神的な弱さをもつ生徒が選出された場合には，学級担任が指揮者を徹底的にフォローしなければならないという覚悟を決めることが必要になります。指揮者の指示に従わなかったり，練習中に悪気なくついつい遊んでしまう傾向をもっていたり，そうした生徒たちに釘を刺したり牽制したりといった役割を自分が担うこともやむなしとの覚悟をもつことが必要になるわけです。　さきがけ♥・ブレーキ☆

　もちろん，能力的に高く，強力なリーダーシップを取れる生徒が指揮者に選出された場合には，その生徒をさらに育てる意識をもちながら，その生徒に多くを任せるというスタンスで行事に取り組んでいくことになります。　しんがり♡・アクセル★

(2) 伴奏者

　一般的には，ピアノを習っている生徒を選出することになります。ピアノを習っている生徒が一人しかいない場合には仕方がありませんが，ピアノを弾ける生徒が複数いる場合には，伴奏者以外にも楽譜を渡して，夏休みに練習させるのが良いでしょう。合唱コンクールの練習はパート練習から始まります。その際，伴奏のできる生徒が複数いることは，練習をするうえでものすごく強みになります。CDで練習するのと，ピアノやキーボードによる生演奏で練習するのとでは，その機能が大きく異なるからです。もちろん，伴奏者に選ばれていない生徒に負担をかけることになるわけですから，本人はもちろん，保護者にも話を通すという配慮が必要になります。　しんがり♡・アクセル★

(3) パートリーダー

　パートリーダーは強力なリーダーシップを必要とするわけではありません。従って，やる気のある生徒，今後リーダーとして育ってほしい生徒の活躍の場と捉えて良いでしょう。ただし，パートごとの練習とはいえ，中心になって練習を仕切ることになるわけですから，小さなトラブルが起こるのは必至です。そうしたときにパートリーダーが孤独にならないように，サブパートリーダーを必ず選出しておきましょう。場合によっては，主従を決めずに，パートリーダー２人制を採るのも良い方法です。　しんがり♡・ブレーキ☆

❹選曲から勝負が始まる

　合唱コンクールは，選曲から勝負が始まっていると考えなくてはいけません。音楽科の先生と相談しながら，学級の実力，学級の雰囲気，曲の難易度……，これらを生徒たちにも伝え，生徒たちの希望と照らし合わせながら熟慮して決める必要があります。1年生には一般的に，①ユニゾンから始まる曲，②強弱のはっきりした曲，③「希望」をテーマとした歌詞の曲，そして④学級の実態に合った曲といった選曲の観点がありますが，合唱の経験をもたない素人にはなかなか判断が難しいというのが現実です。音楽科の先生に相談しながら，謙虚な構えで選曲に臨むのが良いでしょう。

さきがけ♥・ブレーキ☆

❺音源CDを配付する

　終業式の日，1学期の最後の学活で，生徒たち全員に音源CDを配付します。1学期最後の週末は，学級生徒の人数分のCDを焼くことになります。少々面倒な作業ですが，学級担任の「本気度（＝マジさ）」を示すという意味で，この作業には見合うだけの効果が十分にあります。1学期最終学活の最後の最後に，おもむろにCDを取り出し，生徒たちに配付する。そして「夏休み中に1日1回，合唱曲を聴いて，この曲に馴染むように」と指示する。生徒たちは担任が一人ひとりにこのCDを用意してくれたのだということを認識すると同時に，この指示が生徒たちの合唱コンクールへの意欲を高めます。また，合唱コンクールの取り組みのみならず，学級運営において，1学期と2学期とをつなげてくれることにもなります。

　ただし，2学期になってから，ほんとうに1日1回聴き続けたかを点検するなどということをしてはいけません。夏休みは計画通りに進むものではありません。私たち教師でさえ，夏休みにやろうとしたことをすべて計画通りに行う人などいないのです。ましてや生徒たちに完璧を求めてはいけません。担任の本気度を示して，生徒たちに「よし！私たちも頑張ろう」と思わせる。そうした効果だけで十分なのだと心得ましょう。

しんがり♡・アクセル★

🌱2学期：合唱をつくる

❶生徒たちと一緒に歌う

　一般に2学期が始まったら，音楽の授業で合唱コンクールの練習が始まります。最初は各パートの音取りです。この段階から担任は生徒たちと一緒に音楽の授業に参加することをおすすめします。生徒たちに交じって，一緒に音取りから練習するのです。しかも，意識して楽しそうに練習に参加します。できれば合唱コンクールが終わるまで，自分の授業の時間割をずらしてでも全時間参加するのが良いでしょう。これもまた，担任の本気度を示すとともに，合唱コンクールの取り組みの雰囲気をつくることにつながります。また，一緒に音楽の授業に参加していると，曲のどの部分が音が取りにくいのか，どの箇所が難しいのか，生徒たちがどこで何につまずいているのかが実感的に，体感的に理解されます。指導においても，そうした苦労をわかっている人間が指導する言葉と，知らない人間が指導する言葉とでは自ずと説得力が異な

ってきます。また，音楽の先生が生徒たちに何を言ったかが100％わかっている状態で指導することができるようになります。音楽科の先生の信用も得られますから，相談もしやすくなり助言も得られやすくなります。やってみればわかりますが，一石二鳥どころか，三鳥も四鳥もの相乗効果が実感されることでしょう。

しんがり♡・アクセル★

❷決意ポーズを決める

　学級での合唱コンクール練習の初日。私がまず最初にすることは学級写真の撮影です。それも生徒たち全員が思い思いに「合唱コンクール頑張るぞ！」ポーズを決めて撮ります。私の場合は，これを色画用紙にカラー印刷して，個々人が持つ楽譜の表紙にすることにしています。また，毎日の練習の最後に「いえ〜い！」のかけ声とともに，全員が「その日の決めポーズ」を取ることを日課としてみんなで盛り上がっていくとか，それを写真に撮って毎日「決めポーズ」の写真を教室に一枚ずつ増やしていくとか，活用法はいくらでもあるでしょう。合唱づくりには，確かに技術的な側面が小さくありません。しかし，ある種の部活動のように「さあ，みんなで頑張ろう」と悲壮感の漂うような熱血練習をしても，合唱は決して上達しません。熱血練習は歌を不得意とする生徒たちを必要以上に追い込んでしまったり，ソプラノが声を枯らしてしまったり，そんなデメリットさえあるのが現実なのです。

さきがけ♥・アクセル★

❸学級リーダーを育てる

　指揮者・伴奏者にしろ，パートリーダーにしろ，多くの場合，合唱を得意とする生徒がその役割を担います。その結果としてありがちなのが，学級リーダーたちが学級の合唱を指導しようとする傾向です。リーダー生徒たちは意欲をもって頑張っています。少しでも学級の合唱を良いものにしようと意気込んで練習を運営しています。しかし，学級には合唱を不得意とする生徒たちがたくさんいます。みんなのような大きな声が出せない，スムーズには音が取れない，そんな生徒たちです。合唱を得意としている生徒たちには，それが苛立たしく感じられます。真面目にやっていないとか，気合いが入っていないとか，気持ちの問題に見えます。自分たちが合唱を得意としているので，「できない子」の気持ちが理解できないのです。こうして，合唱を得意とする生徒と不得意とする生徒の間に，気持ちのギャップ，隙間が生まれ，トラブルが起こり始めるのです。

　しかし，こうしたトラブルは，リーダー生徒を育成するチャンスでもあります。もしも，これが陸上競技大会や球技大会などの体育系の行事だったらどうでしょう。運動を苦手としている生徒たちに「真面目にやれ」とか「気合いが入っていない」とかと言って責めるということがあり得るでしょうか。まず間違いなく，その生徒が運動を不得意としていることをみんなが認め，それなりのポジションや役割を用意し，失敗したとしても「ドンマイドンマイ」とフォローするはずなのです。チームの雰囲気が悪くなってしまったら，チームワークが崩れてしまったら，運動というもののバランスのすべてが崩れてしまうことを生徒たちはよく知っているからです。しかし，合唱は文化的行事ですから，どうしても気持ちの問題に見えてしまうわけ

です。そこからトラブルが起こります。こうしたトラブルが起こったときには，体育的行事の例を出しながら，実は合唱も同じなのだ，リーダーの仕事は練習に「楽しい雰囲気をつくること」であり，合唱を不得意とする生徒たちをフォローし元気づけることを第一義とするのだということを指導するのです。リーダー生徒たちをひと回りスケールの大きなリーダーに育てるためのチャンスなのだと心得たいものです。

さきがけ♥・ブレーキ☆

❹毎日，動画を撮る

　生徒たちは自分たちの合唱を客観的に見ることができません。自分たちはちゃんとやっているつもりなのに端から見るとできていない，自分たちで課題だと感じていることが実はもうクリアされている，そういうことがたくさんあるものです。合唱コンクールの練習では，毎日，最後の合唱の動画を撮影することをおすすめします。そして次の日の朝学活にみんなでその動画を見て，その日の練習のポイントを決めるのです。こうしたシステムをつくってしまうと，合唱練習がスムーズに進みます。自分たちのその日の課題が見えているので，パート練習で教師が離れていても，生徒たちが遊んでしまう，サボってしまうということが減ります。

　実は，毎日動画を撮ることは，教師にとっても大きなメリットがあります。練習が終わり，生徒たちが帰った後，その日の最後の合唱を何度か視聴して，次の日の練習のポイントを明確にするのです。合唱素人の教師にとって，その場で歌を聴いてその場で的確に指導するということはほぼ不可能と言って間違いありません。しかし，動画を数回見れば，「ああ，ここが明日のポイントだな……」という箇所は見えてくるものです。音楽の先生や合唱指導を得意としている先生に見せてアドバイスをもらうことも可能になります。また，学活等の時間に，数日前の合唱と最新の合唱をみんなで見比べて，自分たちの成長を確認し合うといった活動も有効です。合唱コンクールの取り組みとは，学級担任にとってこうした毎日の繰り返しなのだと心得ると良いでしょう。

しんがり♡・アクセル★

3 合唱コンクール指導の意義

　1年生から2年生への進級において，学年単学級の小規模校でない限り，ほぼすべての中学校に学級編成があるはずです。このメンバーで一つの合唱に真剣に取り組むという機会はもう二度とありません。その意味で，生徒たちも，学級担任も，できることはすべてやるという構えをもつことがなによりも目指されます。また，生徒たちにとって1年生の合唱コンクールは今後の合唱コンクールのモデルとして機能します。次年度に学級が解体しても，自分の学級の生徒たちが合唱コンクールを楽しみにする，1年生の体験をモデルに各学級で活躍する，ほんとうに合唱コンクールの取り組みが成功したか否かは，次年度の生徒たちのそうした姿勢で評価されるのかもしれません。合唱の技術的な指導については，拙著『必ず成功する「行事指導」魔法の30日間システム』（明治図書，2012）をご参照いただければ幸いです。（堀　　裕嗣）

最後の学級活動

　「最後の学級活動」は、その学年を締めくくる最後の日となります。生徒は、ようやく慣れた中学校生活に一区切りをつける日です。寂しさを感じながら「最後の学級活動」を迎える生徒もいます。学級担任としても、1年間というたくさんの時間を一緒に過ごしたクラスの生徒たちに、思いを伝えられる最後の時間です。この1年間が充実した日々であったと実感させるためにも、学級担任は、何を伝えるのか整理しておくことが大切です。

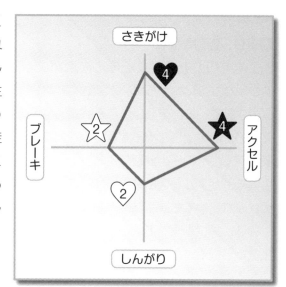

担任力チェックリスト

- □ 1年間の学校行事、学年行事などの見通しや、それらを行う目的を教師がもっているか
- □ 各行事の目的に基づいて、生徒に目標を考えさせているか
- □ 学校行事、学年行事、学級活動後に、生徒の目標に基づいた評価場面があるか
- □ 個人の目標達成度と課題、クラスの目標達成度と課題の双方をクラス全体で交流しているか
- □ 各行事を通して、その学級や生徒個人が成長した実態や課題を把握しているか
- □ 4月から各学校行事、各学年行事、学級活動をデジタル機器などで記録しているか
- □ スライドショーやVTR等を作成することができるか
- □ 教師が、クラス替えの意義を伝えることができるか
- □ 生徒の心に響く語りをすることは得意か
- □ 学校行事や学年行事後の生徒の感想を、通信などで保護者に見せているか

1　最後の学級活動の目標

　1年生での「最後の学級活動」の目標は，二つあります。一つ目は，4月から「最後の学級活動」に至るまでの学校行事，学年行事，学級活動を通して，生徒一人ひとりやクラスがどれだけ成長してきたかを共有することです。そのためにも，まずは学校行事，学年行事，学級活動ごとに，その目的を伝え，その目標を立て，そして最後に評価させる積み重ねが大切です。そして，学級担任は，生徒たちに自信をもたせるように，生徒たちがどのように成長してきたのかという過程を実感させるように語れることです。

　二つ目は，新2年生として高い意欲をもつように，その新たな出発を支援することです。2年生になれば，すぐに後輩ができ，委員会活動や部活動でも学校の中心として活躍していく生徒もたくさんいます。だからこそ，この中学校1年としての成長の過程を振り返り，自分たちが「ここまで成長できた」と自信をもたせることです。また，新2年生になったときに「1年生の頃のクラスが良かった」とならないように，生徒も学級担任も今日までのクラスに区切りをつけることです。それが，中学2年生での充実した学校生活につながるのです。

2　最後の学級活動の手立て

❶自己評価を積み重ねる

　「最後の学級活動」は，今までの学級経営の総まとめです。1年間を見通した学校行事，学年行事，そして学級活動の積み重ねがあってこそ，「最後の学級活動」が意味の深いものに変わっていくのです。「最後の学級活動」でよく見られる光景として，「あの行事のあのとき，……は良かったが，今後は……」など学級担任の一方的な思いで，一人で悠々と語っている場面をよく目にします。「一方的な思い」と見なされるのは，生徒が「担任の先生は，なぜこれが良いとか，これが課題と言っているのだろう」と思うからです。これは，担任の思いと生徒の思いの間に，大きな差があることから生じるものです。言い換えると，活動後の生徒自身の評価の積み重ねや，担任による評価が今まで全くなかったことが原因です。こうならないためにも，どの活動においても，目標の達成を目指して取り組ませていきます。そして，生徒自身の自己評価活動と担任による評価を通して，その成果と課題を次の活動へとつなげていくことです。

さきがけ♥・ブレーキ☆

　学校行事や学年行事前には，学級担任がそれぞれの目的やねらいを伝えます。そして，生徒たちはそれに基づいて目標を立てます。そして最後には，その目標に向かって自分たちがどれだけ頑張れたとか，何を達成できたとかという自己評価を行います。担任が最初に目的を伝えて，最後に自己評価をすることを繰り返すと，生徒にとってみれば自らの成長を深く見つめ直すきっかけとなります。このように，生徒が自分自身を振り返る場面を1学期からつくってい

きます。この積み重ねにより，担任としてもクラスや生徒がどのように成長したのか把握しやすくなります。すると，「最後の学級活動」で，担任の先生が，「あの行事のあのとき，……は良かったが，今後は……」と語っても，生徒たち自身もその成長を実感しやすくなるのです。そして，各自己評価や感想などは，学級通信などで言葉として残しておきましょう。例えば，合唱コンクールで真剣に取り組んで金賞をもらえればうれし涙を，賞に入らなければ悔し涙を流す場面をよく見ます。どちらであっても，そのときの気持ちを，言葉として残しておかなければ，3学期の最後の学活のときには忘れてしまっていることもあるからです。言葉として残しておくからこそ，生徒は以前の自分と今の自分を比べることができ，自分が変われたことなどの成長を振り返ることができるのです。 さきがけ♥・ブレーキ☆

(1) 各学期の評価

　各学期のはじめには，個人の学習面や生活面での目標を立てます。そしてクラスの学級目標もつくることがほとんどです。私の場合，自分の学級では，さらにクラスの生活目標，クラスの行事目標，クラスの学習目標も作成しています。これは，各学期の終わりの評価で，何を反省するのか明確にすることで，クラスにどんな成長があるのか，またはどんな課題があるのかを把握しやすくするためです。これにより，次学期に対して，クラスや個々が何に取り組むのかが明確になるからです。 しんがり♡・アクセル★

(2) 各学校・学年行事の評価

　中学1年生は，入学式，体育大会（体育祭），学校祭（文化祭），合唱コンクール，卒業証書授与式など様々な中学校行事を初めて経験します。これらの学校行事は，日常の学習活動を発表するだけでなく，さらにそれを発展させるためのものです。学校行事にもなれば，全校または学年などの学級よりも比較的大きい集団の活動となるので，学級活動だけでは得られない，あこがれの先輩を見つけるような，先輩後輩などの幅広い人間関係を経験します。それがまた，さらに生徒を成長させる場となることも十分に考えられます。だからこそ，それぞれの行事の目的や意味を生徒に十分に理解させて，各行事活動に取り組ませていくことが大切です。もし時間が許されるのであれば，相互評価を取り入れることもお勧めです。お互いの成長した部分やお互いの良さを認め合う場面があると，自分たち自身で成長や課題を把握し始めていきます。 さきがけ♥・ブレーキ☆

❷成長を発信していくまとめ

　「最後の学級活動」の前に，この1年間の学級の成長をまとめる活動が有効です。それには，各学級や生徒の実態に合わせて行うことが大切です。なぜなら，それぞれの学級だけしか経験しなかった1年間の積み重ねがあり，生徒の実態によっては，生徒たちが思う成長したと感じる部分がクラスによって全く違うからです。生徒たちが，自分たちの成長を感じる「まとめる活動」になると，感動さえ覚えるような「まとめる活動」になるのです。

(1) 学級文集づくり

自分たちの成長を発信するまとめとして，「学級文集づくり」などがあります。１年間かけて取り組んできたことを振り返り，書いた感想をもう一度見直して作文にします。この１年間の学校行事や学年行事などを振り返ると，生徒は悩んだことや，悲しかったこと，嬉しかったこと，達成感を味わったことなどを，その時のように振り返りやすくなります。いつでも振り返られるようにすることで，今の自分と当時の自分を振り返り，成長した自分たちに気づき，自分たちの成長を改めて実感しやすくします。　　　　　しんがり♡・アクセル★

(2) 学年レクリエーションや学級レクリエーション

３学期には，学年集会の一つとして学年球技大会などの活動を提案してみることもお勧めです。学級としてもう一歩成長させる取り組みです。例えば，体育大会で行うような大縄跳び学級新記録に再挑戦，などのような内容です。計画案から当日の動きまでできるだけ生徒だけに取り組ませます。学級担任としては，学級の実態を十分に考慮したうえで，達成可能と思われるハードルや課題を与えるとさらなる成長につながります。最後に，自分たちの力でここまでできたという達成感を味わわせることができれば，自分たちの成長を実感しやくなり，さらには自信につながっていきます。　　　　　しんがり♡・アクセル★

❸２年生に向けての心構えをつくる

(1) 卒業証書授与式

卒業証書授与式は，学校の様々な行事の中でも最も大きな行事の一つです。在校生が卒業証書授与式に参加する目的の一つは，新学年になる気持ちをつくり上げることです。この気持ちをつくり上げられれば「最後の学級活動」においても，その雰囲気が良いものになりやすいです。

まずは，卒業証書授与式が特別な日であることを確認させます。なぜなら，卒業証書授与式という，義務教育が終わり，社会に巣立っていく行事は人生でたったこの一回だからです。

中学１年生は，約１年前に自分たちの卒業証書授与式を人生で初めて経験しています。そこでは，卒業証書授与式の準備や練習などを何回も繰り返してきています。また，生徒に卒業式について尋ねると，「独特の静けさのある雰囲気」と答えます。つまり生徒自身も，卒業証書授与式はやはり特別なものだと実感しています。ですから，学級で意見交流を行うなどして，卒業証書授与式のときの気持ちを生徒間で確認してみるのも有効です。　　さきがけ♥・ブレーキ☆

中学１年生を卒業証書授与式に参加させるもう一つの目的は，２年後の自分たちをイメージさせることです。そのため，「卒業証書授与式になんとなく参加」だけは，絶対に避けます。そのために，担任が２年後の生徒たち自身をイメージさせることです。卒業式当日に，卒業生の表情を見ること，呼名の返事の大きさや，入退場の歩く態度から何かを感じようと注目させるように，いつでも語っていることが大切です。もちろん，卒業証書授与式が終わった後には，生徒に何を感じ取ったのか感想を聞いたり，書かせたりすることです。　　さきがけ♥・アクセル★

第２章　必ず成功する学級経営　365日の学級システム　中学1年　89

⑵　新入生体験入学

　3学期には，新入生体験入学がある学校も多いようです。この行事があれば，新2年生として，初めて先輩となる意識や気持ちをもたせることが可能です。例えば，新1年生へのメッセージづくりをします。前年度の先輩たちが書いたメッセージを見せるなどして，先輩としてのメッセージを書けるように配慮します。そうすることで，新2年生の自覚を芽生えさせることもできます。

さきがけ♥・アクセル★

⑶　3学期の学級活動

　3学期の学級活動の一つとして，中学2年生になる日までに，どんな自分になっていたいのか書く活動がお勧めです。生徒は残された中学1年生の日々の中で，何をして，どのように実行していけば，理想の自分になるのか計画します。これも，2年生への心構えをつくっていくことに役立ちます。

さきがけ♥・アクセル★

⑷　色紙づくり

　この1年間教科担当をしていただいた先生に「色紙」を贈る活動もあります。これは，感謝の気持ちを述べる意味合いをもっています。感謝の気持ちを伝えることは，2年生になるうえでの心構えをつくります。思春期のまっただ中の中学生が，自分に関わっていた先生方は，日々自分たちを励ましてくれた，悩みを聞いてくれたということなどを「色紙」に書くことで生徒自身が素直になれるときがあります。1年間お世話になった先生方への感謝の気持ちを表現できるように，学級担任は設定することも大切なのです。各教科最後の授業で，担当の先生にクラス全員でお礼を述べることもお勧めです。

しんがり♡・アクセル★

❹最後の学級活動

⑴　目的のある学級活動にする

　「最後の学級活動」は，「学級のお別れ会（学級解散式）」「学級レクリエーション」などの活動が行われます。この「最後の学級活動」が成功するかどうかは，4月からの各行事や学級活動において，生徒が目標を立て，それを自己評価する積み重ねがあるかどうかによります。最後の学活がどんなに活発になったとしても，目標や自己評価の積み重ねがなければ，生徒にはただ楽しかったという印象しか残りません。まして「最後の学級活動」でも，その目的を学級担任が伝えなければ，積極的に取り組まない生徒も現れます。こういう生徒が現れてしまうと，最後の学活が冷めた雰囲気になってしまうこともあります。こんな雰囲気では，すべての努力が無駄になってしまうような気持ちになります。こうなると，自分たちの成長や達成感を感じて，次年度も意欲的に取り組む気持ちになりにくいです。

さきがけ♥・ブレーキ☆

⑵　成長を自信につなげる語り

　学級担任が，今日までの生徒やクラスがどのように成長したのかを伝えられるかどうかが大切です。そのためには，学級担任は今までの学校行事，学年行事，学級活動すべてにおいて，生徒の目標や評価などを記録として残しておくことです。生徒一人ひとりも学級も，学校行事

90　最後の学級活動

や学年行事を通して，自分の学級で起きた問題などをきっと乗り越えているはずです。そして，乗り越えたのならば，そこにはきっと生徒一人ひとりが活躍した場面があります。それを，学級担任が伝えることによって，生徒は自分の成長を感じ取りやすくなり，自信をさらに高めることができるようになるでしょう。

`さきがけ♥・アクセル★`

a． スライドショーやVTR

この1年間を振り返る方法の一つとして，これまでの学級の歩みや個人の活躍した場面などを映像資料として作成したスライドショーなどを見せます。学級担任が入学式（前日登校を含む）から写真や映像などを撮っておくと，より作成しやすくなります。作成の際には，ある行事の中で達成感を味わった場面や，学級として問題があった場面などを意図的に組み込むことが大切です。

`さきがけ♥・アクセル★`

b． 保護者などから評価をもらう

自己評価は，自分自身を振り返ります。相互評価は，生徒が相互に自分たちの成長を認められたという体験が可能です。さらに，第三者評価といって，副担任の先生や教科で関わっている先生，または保護者や地域の方などが評価する場面があります。例えば，学級通信などを通して，学級担任が第三者に評価してほしい内容を伝え，目で見える形（学級の前で話してもらう，手紙をもらい読み上げる）でその評価をもらいます。

`しんがり♡・アクセル★`

(3) クラス替えの意義を伝える

3学期も後半になると，生徒から「今のクラスのままがいい」「クラス替えをしたくない」という言葉をよく耳にします。一方で，新2年生になるという新しい環境があるからこそ，「もっと英語を勉強しよう」とか「委員会に入って，頑張ってみよう」のように意欲をもって頑張ろうとする生徒もいます。その前向きな気持ちや期待を十分に活かしながら，新学期が待ち遠しくなるように，今のクラスが終わることにしっかりとけじめをつけさせる語りが大切です。

`さきがけ♥・アクセル★`

3 最後の学級活動の意義

最後の学級活動を成功させるには，目的→目標→評価の積み重ねが鍵です。「最後の学級活動」はその名の通り，4月から行ってきた学級活動の最終地点です。つまり「最後の学級活動」は，決して単発的なものではなく，4月からのすべての活動がつながっています。学校活動，学年活動，学級活動を通して，一人ひとりの成長があり，学級のまとまりが生まれていきます。このことを教師が常に認識して日々よりよい学級活動を続け，学級解散日には教師自身も今のクラスがこれで終わることを意識し，終わらせることが大切です。

（北原　英法）

13

学級 PTA 懇談会

保護者との懇談会や懇親会を苦手と感じている教師は多いことでしょう。三者懇談のように個人対応であれば乗りきれても，学級懇談会のように集団相手には苦慮するケースをよく耳にします。また，進路相談という具体的で限定的な目的を共有できる場合を除き，期末懇談のように話題が広がり想定を超えるような場合，担任としては話題の収束に頭を悩ませるようです。

保護者との信頼関係の成立なくして，生徒との信頼関係は構築できないのが基本です。いわば，学級づくりには保護者の支援や協力が不可欠と言えるでしょう。

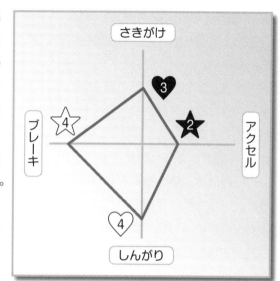

✓ 担任力チェックリスト

- ☐ 保護者をひきつける魅力をもっているか（今度の担任は「当たり」だと思わせられるか）
- ☐ 保護者が担任に気軽に相談できるしくみや雰囲気をつくることができるか
- ☐ 保護者の些細な相談に対しても，丁寧に対応できるか
- ☐ 顔の見えない電話やお便りでの対応において，保護者の表情や心情を想定できるか
- ☐ PTA 委員に対する依頼や感謝を態度や言葉で示せるか
- ☐ PTA 委員を引き受けて良かったと思わせることができるか
- ☐ PTA 委員の苦労にさりげなく陰から協力できるか
- ☐ PTA 委員ではない保護者に，できる範囲で PTA 活動に協力できる雰囲気をつくれるか
- ☐ 学級 PTA 懇談会に毎回参加したくなる雰囲気をつくれるか
- ☐ ビデオや写真で保護者が子どもの成長を可視化できる資料を作成できるか
- ☐ 担任は子どものことをよく観察していると保護者を納得させられるか
- ☐ 子どもや家庭の問題に対処してくれるという信頼を保護者から得られるか
- ☐ 保護者の考えや生徒の思いを尊重しながら，適切な進路指導ができるか

1 学級 PTA 懇談会の目標

　学級 PTA 懇談会は年に２〜３度開かれることが一般的です。最近は学年 PTA 懇談会が取って代わる学校も増えてきたようですが，学級懇談会と学年懇談会はその存在意義が異なります。前者は学級担任として学級づくりの方針や手立て，課題や対策など具体的で個別的な事例に基づいて話題提供していくものであるのに対し，後者は学年教師団として生徒の発達段階に沿いつつ生活・学習・行事といったカリキュラム編成を説明していくものです。両者とも説明責任・結果責任が伴うものですが，学級担任の裁量が大きい分，学級懇談会の方が責任が重くのしかかることでしょう。ただし，そうした苦労の分だけ保護者との信頼関係を深く築くことができるのも学級懇談会の大きな存在意義です。保護者から，「担任が○○先生で本当に良かった」という思い（その次段階として「この学年で良かった」「この学校で良かった」という思い）を抱いてもらえるような対応を目指して，保護者と接していきたいものです。

2 学級 PTA 懇談会の手立て

🌱1学期：空気をつくる

❶毅然とした説明

　１年生であれば入学式当日，２・３年生であれば始業式から約１週間後に年度当初の学級 PTA 懇談会が行われることが多いことでしょう。保育園や幼稚園，小学校からの子育てつながりにより，「ママ友」とも言われる保護者同士は結びついています。加えて，昨今はスマホが保護者同士を結びつけるアイテムとなっています。かつては子どもの話からしかうかがい知れなかった担任の情報が，いまや SNS や LINE などを通じて事前に把握されていることを心得た方がよいでしょう。中には噂や中傷の類いもあるかもしれませんが，それに左右されてはいけません。学級担任として，任せられたクラスや生徒一人ひとりを成長させるために，何に重点を置いて指導していくつもりかを，まずは毅然と説明できるようにしましょう。

　　　　　　　　　　　　　　　　　　　　　　　　さきがけ❤・アクセル★

❷エピソード重視の資料

　生活・学習のルールや年間行事の説明など学年で統一された決めごとをもとに配付資料を作成することでしょう。もちろん，学級の様子や担任の方針も資料に載せるはずです。年度当初の慌ただしいなかで，生徒の実態はもちろんクラスの雰囲気もつかみづらいかもしれません。しかし，担任としては可能な限り生徒を観察し，他の担任では気づかない視点で実態を捉えたいものです。例えば，学級委員決めの際，進んで立候補した生徒は目につきやすいものですが，話し合いの際に全体に配慮しながら建設的な意見を言う生徒，そうした意見を笑顔で頷きながら聞く生徒，誰もやりたがらない委員を「私で良ければやるよ」と引き受けてくれる生徒など

のエピソードを，描写を通してわかりやすく伝えたいものです。 しんがり♡・ブレーキ☆

❸担任の時間割を提示

　保護者が担任へ気軽に相談できる工夫として，担任の時間割を資料に取り入れることをお勧めします。中学校の場合は教科担任制ですから，空き時間があります。その空き時間を保護者に知らせることは，信頼づくりの第一歩と言えるでしょう。

　私の場合は右の資料①のように掲載します。いつでも保護者の相談に対応できる時間（★印）を予め設定することにより，担任側も時間の予定が立ちます。最近の保護者は集団の懇談会より個人の懇談会を望む傾向にあります。そうした個々の要望に対応できる態勢を整えることも，担任としての役割と言えるでしょう。

◎**学級担任前期基本時間割表です**

……気になることはいつでもご相談下さい。

	月	火	水	木	金
1	◇	★	◇	◇	◇
2	◇	★	◇	◇	◇
3	★	◇	★	★	◇
4	★	◇	★	★	★
5	◇	◇	★	◇	◇
6	◆	◇	★	◆	◆

左記表は学担の時間割表です。記号の意味は…

　◇印：授業時間

　◆印：学級活動や諸会議等の時間

　★印：いつでも話し合いができる時間

以上のようになっていますので，ご相談のある場合は ★印の時間に電話あるいは直接来校してください。どんどんご相談ください。

（なお欠席連絡は朝のうちにお願いします。）

資料①

さきがけ❤・ブレーキ☆

🌱2学期：空気を感じさせる

❶成長の可視化

　保護者が子どもたちの成長を実感できるのは，第一にテストの点数や学習成績，第二に行事への取り組み方と満足度と言えるでしょう。それだけにこの二つのことに関しては，保護者に伝わるように適宜アピールしていくことが求められます。

　例えば，以下の資料②はテストの点数伸び率をランキングしたものです。点数順の順位とは違い，あくまで「伸び率」にこだわることで，努力順位が可視化されます。これを学級便りに掲載することにより，生徒たちの意欲を高めることはもちろん，保護者に対しても努力の成長順が伝わることでしょう。また，行事に関しては，写真やビデオを編集して鑑賞したり，生徒の声や作文などを学級便りにして発行したりすることで成長度を可視化できます。生徒の成長の足跡を記録しておくことで，保護者の間でも話題となり，担任への信頼につながってくることでしょう。

1学期→2学期→3学期定期テスト
"右肩上がり"点数伸び率ベストテン

第1位	○○	○○	＋147点
第2位	○○	○○	＋78点
第3位	○○	○○	＋77点
第3位	○○	○○	＋77点
第5位	○○	○○	＋69点
第6位	○○	○○	＋68点
第7位	○○	○○	＋64点
第8位	○○	○○	＋60点
第9位	○○	○○	＋35点
第10位	○○	○○	＋32点

資料②

さきがけ❤・ブレーキ☆

❷子どもの立場に同化

❶とは反対に，保護者が子どもを取り巻く環境で心配な点として，クラスでいじめられていないか，あるいは無視されるなどして孤立していないかという二点に集約されるはずです。保護者も中学生時代に大なり小なり悪さをしたり，または傍らで悪さを見てきたはずですから，周りに多少の迷惑をかけることに関しては寛大であるはずです。ところが，我が子がいじめや無視の被害を受けているとなれば，その批判は担任に集中することでしょう。

★次のような状況や場面があるとしたとき，親や子どもになったつもりで会話を続けてください。

《状況・場面設定》

小学校時代は，朝自分から起きてあんなに楽しそうに学校へ行っていた子どもが，最近起こしてもなかなか起きません。そして，ぎりぎりになって起き，食事もしないで家を飛び出していきます。そしてある日，次のようなことをポツンと言いました。
「ああ，学校がおもしろくないなぁー。なんのためにこんなに勉強しきゃいけないんだよー。毎日が嫌でたまらないよー。」

◎さて，あなたならどのように声をかけますか？

親	

○その親の言葉を聞いて，子どもになったつもりで答えてください。

子	

親	

子	

親	

子	

資料③

※方法 ①懇談参加の保護者でペアになって筆談で交流する。→終了後，シェアリング。

②ペアを変え，親子の役割を変える。→終了後，シェアリング。

第2章 必ず成功する学級経営 365日の学級システム 中学1年 95

それを見越して，学級懇談会の際，前ページの資料③を用いて保護者にワークをしてもらってはどうでしょう。子どもの立場にたって考えることで今まで気づけなかった新たな視点を獲得できるでしょう。また，登校しぶりや不登校のお子さんをもつ保護者の気持ちが想像できるに違いありません。こうした保護者が困ってしまう状況や場面を想定することや，それに対して適切な対処策を事前に考えておくことが，思春期や反抗期に対する一つの策として機能するはずです。

さきがけ❤・アクセル★

🌱 3学期：空気を入れ替える

❶担任の語りの重要性

　3学期の学級PTA懇談会は1年間の総括と次年度への展望です。良きにつけ悪しきにつけ，1年間の成果と課題を確認し，進級に向けて備える時期です。保護者と担任はそのほとんどが子どもを介しての間接的なつながりです。子どもの評価が保護者の評価となって，担任は俎上に載せられます。担任としては，これをいちいち怖がってはいけません。子どもや保護者の多様で個別的な実態に即しながら，ベストに至らずともよりベターな方策をとって受け持ちの学級を牽引してきたはずです。たとえ学習成績が上げられなくても，行事でいい思いをさせられなくても，その1年は価値ある時間だったはずです。ここでもし担任が自信喪失してしまったなら，学級に所属している子どもはもちろん，その保護者にとっても価値を実感できない1年として評価されてしまうことでしょう。そして，そうした評価が翌年受け持つ生徒や保護者に向けて，学級担任の力量として事前に広まってしまうのです。担任にとってこれだけマイナスに作用することはありません。

　自分の中で納得いかないのは，担任の力量の低さが原因のはずです。そうであれば，そのことを正直に生徒や保護者に語るのも大事なことです。担任が誠意をもって語る言葉や姿にまで悪意をもつような保護者はそうそういません。なぜなら，子どもを育てるのが教師の役目であり，教師を支えるのが保護者の役目であり，保護者を満足させられるのは子どもの成長と言えるからです。

しんがり♡・ブレーキ☆

❷保護者への感謝

　年度末の学級PTA懇談会はもちろん，最後に発行する学級便りでは必ず保護者に向けて感謝の気持ちを伝えたいものです。PTA委員を引き受けてくれた保護者はもちろん，担任への声かけや気配りを忘れなかった保護者，担任がうまく対応できなかった保護者などすべての保護者に感謝の気持ちを伝える姿勢が，その担任への評価となります。保護者と教師と生徒……それぞれ立場は異なりますが，ともに人間であることを忘れてはいけません。教師だって人の親ですし，保護者だって子どもにとっては一人の教師であると言えます。子どもの成長を願う点では双方とも一致しているはずです。同時に，反抗期まっただ中の生徒は悩み，苦しんでいることでしょう。それぞれの悩みを分かち合い，できるだけ本音を共有し合うことで打開でき

る問題も数多いはずです。互いの悩みや苦しみを柔和な笑顔で語れる教師であれば，苦しい局面も協力し合って乗り切れる信頼を得られるのではないかと思います。

しんがり♡・ブレーキ☆

3 | 学級 PTA 懇談会の意義

　新しい学級を受け持った年度当初，学級担任はほぼ間違いなく学級通信を書くはずです。その多くは「こんな学級を目指したい」とか「こんな危険なことは許しません」とか「各家庭での協力をお願いします」といった趣旨であることが多いことでしょう。これは学校教育における「説明責任」の発想であり，何か不慮の事故が起こった場合，「こういうことに配慮して学級指導をしていました」というある意味アリバイづくりとも言えます。

　ところが実際は，日を追うごとに担任の学級経営方針の文言は忘れ去られ，良くも悪くもその時々の教師の対応力こそが話題の中心を占めることになりがちです。「あの先生は子どもたちの話をよく聞いてくれる」とか「面白い話をして子どもたちをひきつけている」とか「勉強に熱心でわかりやすい授業をしている」などといった褒め言葉は，子どもはもちろん，保護者も含めて教師の対応に納得している証拠と言えるでしょう。反面，子どもに何か被害が及ぶ出来事が起こると，教師の対応のまずさがやり玉に挙げられます。「あの先生は子どもたちの話を聞いているふりをして何も聞いていなかったのではないか」とか「面白い話と感じていたのは一部の子どもだけだったかもしれない」とか「授業も結構強引に進めていた感じがする」などと，180度正反対の手のひら返しになるようなことはよくある話とも言えます。

　「説明責任」だけではなく，「結果責任」の重要性も謳われるようになってから長い時間が経っています。目標の達成度から結果を分析し，その結果を受け止め，改善策を説明できるような対応が教師の役割として望まれているからでしょう。確かに「説明責任」も「結果責任」も子どもを預かる学校としてはなくてはならないものなのかもしれません。しかし，私は子どもや保護者が学校教育に納得できる方法はもっと違うところにあるような気がするのです。

　例えば，学級 PTA 懇談会に参加した保護者と，どれだけ本音で語り合えているでしょうか。いや，もっと単純に言えば，日頃から保護者と子どもたちの話題を共有できているでしょうか。子どもたちの今日 1 日の良さや課題を，一人ひとり語ることができるでしょうか。学級 PTA 懇談会というある種の儀式が大切なのではなく，まずは保護者を納得させる教師の観察眼と先を見通すビジョンがなにより問われるような気がします。

（山下　　幸）

学級通信

中学校の学級通信は発行する枚数や時期などに決まりがありません。担任によって活用の仕方は様々ですし，発行の頻度にも差があります。毎日発行する先生もいれば，年に3回程度発行する先生もいます。作成するのにも時間や労力がかかるので，その労力に見合った効果のあるものにしなければ意味がありません。ですから，作成するときにはその内容や言葉の使い方，発行のタイミング，レイアウトなど多くのことに気を配り，より効果的なものになることを意識することが大切です。

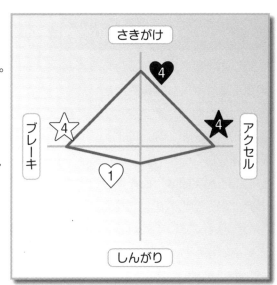

✓ 担任力チェックリスト

- ☐ 学級通信を作るのが好きか
- ☐ 学級通信を空き時間1コマで作ることができるか
- ☐ レイアウトを工夫しているか
- ☐ 日常的にネタを探しているか
- ☐ 他学級の学級通信を読んでいるか
- ☐ 学級通信が学級経営をするうえで重要であると感じているか
- ☐ 学級通信の在り方について3年間の系統性を意識しているか
- ☐ 学級通信を教室に掲示しているか
- ☐ 過去に作った学級通信を見返すか
- ☐ 学級通信を生徒に読み聞かせているか

1 学級通信の目標

　学級通信を発行するうえで目標とすべきものは**担任の思いや考えを浸透させること**です。多くの場合，学級通信は学校での出来事や担任の思いを生徒や保護者に伝えるために活用します。担任が目指しているものや考えていることを生徒や保護者に理解してもらうことができると学級経営を円滑に進めることができます。生徒や保護者にとって担任の考えが理解できないと不信感や不安感を抱いてしまいます。特に1年生は初めてのことばかりですから，中学校生活での様々な活動や行事に対する取り組み方などを教師がわかりやすく示すことで生徒や保護者の安心感につながります。そのためのツールとして学級通信は有効なのです。

2 学級通信を活用するための手立て

🌱 情報発信としての活用

❶ 学級通信第1号への気遣い

　学級通信第1号はとても重要です。多くの保護者は新しい担任がどんな人なのか興味をもっています。第1号の学級通信で担任の第一印象が決まってしまう可能性もあります。ですから，気を遣い，慎重に作成しなければなりません。例えば，新しい学級の生徒の名前を全員載せたつもりが，1名だけ載せるのを忘れた場合，その生徒の保護者にとって担任への印象は悪いものになります。また，文章の間違いや稚拙な表現があれば，頭の悪い担任だと思われてしまうかもしれません。そんなことになるくらいなら発行しない方がよいのです。学級通信第1号を作成する際には時間をかけて作成し，何度も読み直し，必ず学年主任や管理職の点検を受けてから発行するようにしましょう。

`さきがけ♥・ブレーキ☆`

❷ 学級通信第1号の内容

　最初の学級通信ではまずは担任の自己紹介を入れましょう。生徒には直接自己紹介できますので，主に保護者向けに書きます。また，提出物の一覧も載せましょう。入学当初に学校に提出しなければならない書類は山ほどあります。教師も把握するのに苦労するほどです。これらの提出物と提出期限を一覧にして学級通信に載せると保護者もわかりやすいし，担任も把握しやすくなります。最後に保護者への挨拶文を載せましょう。家庭と学校が連携して教育活動にあたることができるよう協力をお願いしましょう。第1号ではこの程度の情報でよいと思います。情報が多すぎると読みにくくなります。担任の思いや生徒に期待することなどは第2号以降に載せましょう。

`さきがけ♥・ブレーキ☆`

❸ 学級組織やシステムの周知

　私は学級委員，班，座席が決まったときには学級通信にこれらの情報を載せるようにしています。生徒のためというよりも保護者のために載せます。自分の子どもが何の役職になったの

第2章　必ず成功する学級経営　365日の学級システム　中学1年　99

か，同じ班のメンバーが誰なのか，どこの席に座っているのかといった情報は保護者が知っておくべきであると思います。これらの情報は自分の口で直接保護者に話す生徒もいますが，あまり親と学校の話をしない生徒もいます。ですから学級通信に載せることで家庭での話の種にもなります。また，学級の当番活動や点検活動などのシステムについても同様に学級通信を通じて保護者に伝えることで我が子の学校での様子をイメージしやすくなります。

さきがけ♥・アクセル★

❹日常の様子

　日常生活の中の些細なことでも学級通信に載せると保護者にとってありがたいものになります。例えば，授業中積極的に発表した生徒の名前や掃除を手伝ってくれた生徒の名前を紹介すると保護者は学校での我が子の活躍を知ることができます。生徒も褒められると嬉しくなり，もっと頑張ろうとします。また，学級の問題点や改善点も載せましょう。学級の問題をみんなで解決する意識をもたせることができます。言葉で話すこともできますが，文字で伝えることで印象が変わります。この地道な作業を繰り返していると担任の思いや考え方が生徒や保護者に浸透していくのです。

さきがけ♥・アクセル★

❺行事の話題

　行事に関する学級通信を作成するときは行事の準備前，直前，終了後と段階的に出すとよいでしょう。行事前にはその行事の目的や目指すべき姿を示します。これにより，学級の意思統一を図ることができます。直前には気持ちを高める内容を盛り込みます。これまで頑張ってきたことや当日の気持ちのつくり方を示します。行事終了後には成果と課題を載せます。ここまでやると当日参観に来なかった保護者でもどんな行事だったのかイメージしやすくなります。また，生徒が活躍している写真を載せたり，終わった後の反省作文を載せたりするとより興味を引くことができます。

さきがけ♥・アクセル★

❤レイアウト

❶タイトル

　学級通信のタイトルは印象的で意味のある言葉が望ましいと思います。一般的には学級目標をそのままタイトルにする場合が多く見受けられます。しかし，タイトルの言葉だけでなく実は見た目のデザイン性も大事なのです。パッと見たときに興味を引くことが重要なのです。せっかく良いことを書いても読んでもらえなければ意味がありません。生徒に向けて書いた内容であれば直接読み聞かせることができます。しかし，保護者に向けて書いた内容であれば，保護者が読みたくなるようなデザイン性の高い学級通信を作ることも重要なのです。街に貼られているポスターや広告などもヒントになります。

さきがけ♥・アクセル★

❷構成

　中学校１年生を対象に学級通信を書く場合，気をつけなければならないのは新聞のような，

文字ばかりの学級通信にしないことです。担任として伝えたいことがたくさんあることは良いのですが，文字で埋め尽くされた学級通信は読む気になれないし，どこが重要なポイントなのかわかりにくいのです。伝えたい内容を小分けにし，枠で囲んだり，仕切りを作ったりして見やすくします。また，重要な部分は太字にしたり，フォントを変えたりして目立たせます。これをやるだけで格段に読みやすくなります。

さきがけ♥・アクセル★

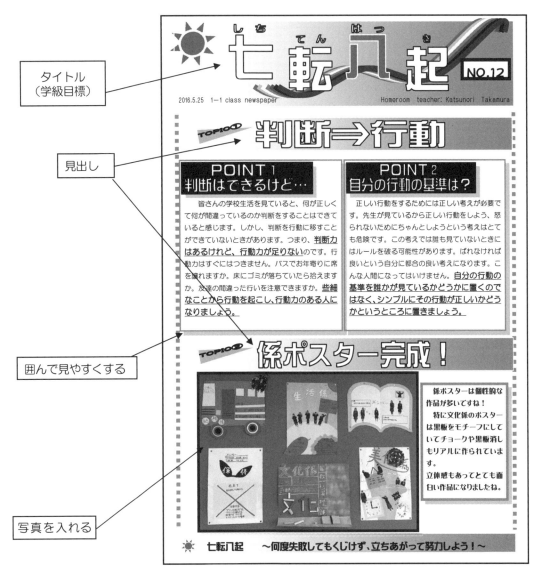

※Wordの図形やワードアートを使い作成したものです。

> ### ミニコラム ▶ 個人情報の取り扱いに注意
>
> 　学級通信は情報を発信できる便利なツールではありますが，便利さゆえに気をつけなければならないこともあります。生徒の画像や名前などの個人情報は安易に載せてはいけません。事前に保護者の承諾を得る必要があります。この判断を間違うと取り返しのつかない大きなトラブルにつながることもあります。個人情報の取り扱いには細心の注意を払いましょう。

🌱学級の軌道修正に使う

　担任は年度の最初の学級開きで１年間の目標や目指すべき姿などの話を，熱意をもって話します。生徒も真剣に聞きます。しかし，教師も生徒も人間ですから時間がたつとその熱は冷めてしまうことがあります。そんなときに学級通信を通じて最初に立てた目標が今どのくらい達成できているのか，足りないものは何なのかを確認します。そうすると，生徒も教師も原点に返ることができます。つまり，学級通信を利用し，学級の軌道修正を図るのです。

さきがけ♥・ブレーキ☆

🌱過去の自分が今の自分を助ける

　私は学級通信を作成していて文章の表現の仕方に困ったときは，過去に作成した学級通信を読み返します。過去の学級通信を見ると，わかりやすい表現をしている文章があったりするのでそれらを参考にして作成をします。また，過去の学級通信を見ると，どの時期にどんな話を生徒にしたかということがすぐにわかります。ときには過去の自分を恥ずかしく思うこともありますが，助けられることも多くあります。つまり，過去の学級通信は指導の記録となり，現在の自分の学級指導に役立てることができるのです。

さきがけ♥・アクセル★

🌱視覚的効果

　私は話すだけで十分に伝えられるような内容であっても学級通信に載せることがあります。中学校１年生であれば，耳で聞いてすぐに頭に入らない生徒や集中力を欠いて話を聞けない生徒がいます。こういった生徒にとって文字での伝達があるのとないのでは理解度に大きな差があるのです。つまり，視覚的な効果で，理解を深めさせるのです。

さきがけ♥・アクセル★

🌱読み聞かせる

　学級通信は配った直後に読み聞かせをしてあげましょう。特に１年生は自分で読ませると時間がかなりかかってしまいます。また，配っただけでは読まない生徒や読んだふりをする生徒もいます。担任は学級通信を作った以上は生徒にその内容を伝えなければ意味がありません。

ですから時間を確保し，読み聞かせをしてあげましょう。　　　　　　　さきがけ♥・アクセル★

♥アリバイとして使う

　学級通信は担任がいつ，何を生徒に伝えたかという記録にもなります。ですから生徒指導をする際に，その指導内容が事前に学級通信で注意を促したことであれば生徒は「知りませんでした」や「聞いていません」と言い訳をすることができません。これだけで生徒指導がしやすくなります。ずるい使い方かもしれませんが，意外と使えます。　　　　　さきがけ♥・ブレーキ☆

♥同僚との情報共有

　学校や学年が情報を共有し，複数の教師で指導することで高い教育的効果が得られます。しかし，情報共有をするために教師同士で直接話ができる時間は意外と少ないものです。そのための有効な手立てとして学級通信があります。学級通信を発行するときは少なくとも管理職と同学年の教師に配付します。つまり，職員室の同僚に自分の考えや学級が抱えている問題などについての情報を共有することができるのです。　　　　　　　　　さきがけ♥・アクセル★

ミニコラム　学級通信は1日寝かせる

　学級通信を発行するときは作成してから1日寝かせることをお勧めします。要するに，作成してから時間をおいて読み返し，その内容に問題がないことを確認してから生徒に配付するということです。作成しているときは夢中になっていますので，言葉の表現が過激になってしまったり，回りくどくなってしまったりすることがあります。ですから，時間をおいて冷静な頭で読み返すことで，ふさわしくない表現を発見し，訂正することができます。また，慌てて発行してしまうと文章の打ち間違いや変換ミスに気づかないこともあります。

3　学級通信の意義

　学級通信の様々な活用の仕方を紹介してきましたが，どれも「学級通信は教育的効果を高めるための手立てである」という考えに基づいたものです。ですから，ただ発行すればいいというものではありません。隣の学級が発行したからといってそれを真似したような学級通信を発行してもあまり意味がありません。自分の学級の実態に合わせて，より教育的効果が高まるような活用の仕方をすることが最も重要なのです。

（高村　克徳）

キャリア教育

　中学校のキャリア教育というと職場訪問や職場体験，上級学校訪問といった活動に加え，進路学習などを想像されるのではないでしょうか。もちろんそれも立派なキャリア教育です。

　しかし，それはキャリア教育の一部でしかありません。生徒がこれから社会で生きていく中で，必要な能力や考え方などを身につけさせること，それがキャリア教育です。そう考えると，すべての学校教育はキャリア教育に含まれるのではないでしょうか。実は，この視点こそが中学校教員にとって，最も重要な視点だと言っても過言ではありません。

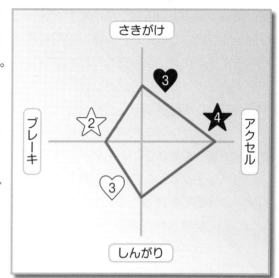

✓ 担任力チェックリスト

- ☐ 政治や経済などの世の中の動きに敏感であるか
- ☐ 教員以外の職種の人と日常的に交流があるか
- ☐ 卒業生の動向を知る術があり，ある程度把握しているか
- ☐ 一人ひとりの個性を認めることができるか
- ☐ 可能性にとらわれず，生徒の夢を応援することができるか
- ☐ 夢見がちな生徒が現実に目を向けるような助言ができるか
- ☐ 物事を多角的に捉えることができるか
- ☐ 生徒にグループワークをさせる手立てをもっているか
- ☐ あらゆるメディアに教材を探すためのアンテナを張っているか
- ☐ モデルケースに拘らないキャリアプランを構築できるか

　このキャリア教育という項目は，他の項目と少々趣が異なります。それは「キャリア教育」が非常に広範囲な指導項目であり，また他の分野や教科とも関連性のある領域だからです。総

合学習において多くの学校で行われている職場訪問・職場体験，上級学校訪問やインターンシップ，進路指導などが主要なところではありますが，他にも道徳や保健体育科，社会科などにおいても関連性があります。

　また，極論ではありますがそもそも学校というのは，社会に出ていくための準備をする場であって，包括的に考えると，学校で学ぶすべてのことがキャリア教育につながるとも言えます。だからこそ，我々教員の側にその構えがあるかないかによって，指導やその効果に大きな違いが出てきます。

1 現在のキャリア教育の問題点

　キャリア教育が扱う「キャリア」というのは，本来，ワークキャリアとライフキャリアの二つに大別されます。現代社会において，このワークキャリアとライフキャリアは密接に関わっています。結婚や育児または親の介護などのライフキャリアが仕事の仕方に大きく関わっていることを，多くの大人が認識しています。しかし，生徒はそんなことを知る由もなく，ワークキャリアのイメージの方が圧倒的に強いのが現状です。また，キャリア教育でよく扱われる人生設計やライフプランにおいても，進学や就職がメインに取り扱われているように感じます。

　優秀な学校に進学し，優良な企業に就職する。長い間，それが我々日本人の人生におけるモデルケースとして君臨し続けてきました。そういった価値観や職業観が保護者にも，我々教員の側にもあります。ひいては，社会全体にもまだ残っており，その影響を子どもたちも敏感に感じ取っています。

　ところが，現在の社会状況はこのモデルケースとは大きくかけ離れています。正社員になれば，終身雇用が約束されるといった方程式はもろくも崩れ去り，給与体系も年功序列ではなくなっています。確かに高い基礎学力はアドバンテージになり得ますが，学歴そのものが人生を決定づける要因にはなりません。

　そういった社会は我々が経験してきた社会とは大きく異なります。ましてや，我々教員は雇用や給与において，かなり安定した恵まれた職種であり，現在の社会においては極めて特殊な職業です。その我々が，これから時代の荒波に飛び込んでいかなければならない生徒に向けてどういった教育をするべきなのか。「キャリア教育」において子どもたちにどんな能力を身につけさせるべきなのか。卒業と同時に社会に出ていく生徒も少なからずいるわけですし，中学校教員である以上，こういったことにしっかりとした考えをもつ必要があるでしょう。

　ここまで書けば，おわかりかとは思いますが，「キャリア教育」は決して総合学習の中でのみ完結すべき領域ではありません。職場体験や上級学校訪問を行ったからといって「キャリア教育」をした，とは言いきれないのです。

第2章　必ず成功する学級経営　365日の学級システム　中学1年　105

2 キャリア教育の目標

　中学校における「キャリア教育」の目標は社会で生きていくうえで必要な資質や能力を身につけさせることにあります。その中で1年生のキャリア教育において，重要なことはまず自分自身を知ることにあります。客観的な視点をもつことは，中学1年生，特に男子生徒にとっては難しいものです。そもそも，大人の私たちにだって完全に自分自身を理解することなんてできることではありません。ですから，主観的な視点から客観的な視点への移行は，個々の精神的な成長に合わせて行うべきものであって，性急に進めるべきではありません。少しずつ促していくといった押さえが必要です。

　それと同時に勤労観・職業観の形成についても少しずつ支援していかなければなりません。しかし，この勤労観や職業観といったものは自己理解と密接に関わってくるため，どちらが先かと言われれば，間違いなく自己理解です。自分はどういった性格なのか，何が好きなのか，どんなことに重きを置いて物事を考えているのか。そういったことにゆっくりと目を向けさせることです。

3 キャリア教育を指導するための手立て

　担任として「キャリア教育」を行ううえで，効果的なのは学活や道徳を活用することです。学活では性格診断テストや適性検査などが行われています。性格診断系のものと適性検査系のものであれば，性格診断系のものをお勧めします。なぜなら，私は中学生の段階で適性検査をすることにあまり意義を感じないからです。

　自分がどういった仕事に向いているかといったことについて知ることを目的としたものに適正検査があります。フローチャート式にYES，NOを選びながら自分に合った仕事を知るというものです。しかし，中学生の段階で自分にどんな仕事の適性があるかなんて，果たしてわかるものでしょうか。

　生徒の中には，将来，美容師や保育士，あるいは公務員といった仕事に就きたいという夢をもっている子もいます。夢をもつこと，それは自体は決して悪いことではありません。むしろ，そういった目標をもっていると自分が進むべき方向性がはっきりとして，努力しながら前に進んでいきやすくなります。たとえ将来進むべき道が異なったとしても，そのために努力したことのすべてが無駄になるわけではありません。しかし，子どもたちは自分が目指した仕事にどのような業務があるかまでは，理解していません。仕事の内容の多くは就職してみて，初めてわかることが多いのではないでしょうか。私自身も，教員になって初めてこんな業務があるのか，と驚いたことが多々あります。

　むしろ大切なのは自分が予期していなかったことに当たったときに，その課題をどう解決す

106　キャリア教育

るのかといった能力の方ではないでしょうか。それはストレス耐性であったり，発想を転換する力であったり，何事もポジティブに捉える力だったりすると私は考えています。

　ですから，学活では性格診断などを用いて自己理解を深め，さらにはそれをどういう自分になりたいかという自己形成へと発展させていきましょう。

❶コミュニケーションタイプを知る

　性格診断テストは様々なものが巷にあふれています。その中から自分自身が扱いやすいものを選ぶとよいと思います。私はコミュニケーション能力に特化した性格診断を用います。なぜなら，その結果自体が自分自身のコミュニケーション能力を知るきっかけになり，コミュニケーション能力はその後の職業観を考えるときにも役に立つからです。どの性格診断テストを行うかを生徒に選ばせることは得策でありません。やはり，その効果には我々教員が責任をもつべきです。

さきがけ♥・ブレーキ☆

　今回紹介するのは私が以前用いたCSI（コミュニケーション・スタイル・インベントリー）の簡易版というもので，『コーチングのプロが教える「ほめる」技術』（鈴木義幸著，日本実業出版社，2002）で紹介されているものです。

❷ジョハリの窓

　さらにこの結果を使ってグループワークを行い，一人ひとりのジョハリの窓を完成させます。ジョハリの窓とは，1955年にアメリカでジョセフ・ルフトとハリー・インガムが発表した「対人関係における気づきのグラフモデル」のことです。

　まず，自分自身が診断結果に基づいて四つに分類されたタイプの特徴から自分に合っているものを選びます。その後，4人一組のグループをつくり，グループの他のメンバーに自分が分類されたタイプの特徴から自分に当てはまるものを選んでもらうという作業です。分類されたタイプの特徴の中から自分もメンバーも選んだものが「A：開放の窓」にあたり，メンバーだけが選んだものが「B：盲点の窓」，自分だけが選んだものが「C：秘密の窓」，誰も選ばなかったものが「D：未知の窓」になります。

　「キャリア教育」において，このグループワークを行う効果はいくつかあります。まず一つはコミュニケーションスキルを磨くということです。自分自身の意見を言うこと，人の話に耳を傾けることは職に就くうえでも重要なスキルになります。そのためには，教師がしっかりとした話し合いの枠組みを決める必要があります。誰が司会を務めるのか，どの順番で話すのか，どの点について意見を言うのか，質問や反対意見はどのタイミングで発言するのか。こういった枠組みを決めることで自信のない生徒や発信力の弱い生徒も安心してグループワークに参加することができます。

さきがけ♥・アクセル★

　また，他人の考え方や意見に触れることで，より自分の考え方や趣向を知ることができます。自己理解や自己形成にも一役買います。さらに，ジョハリの窓はどんなに優れた生徒でも一人では決して完成させることはできません。完成させるにはメンバーの存在が不可欠です。この

ことも課題解決の一つの方法として，生徒に認識させることができれば，このグループワークは一石二鳥，いや三鳥ぐらいの効果があります。

しんがり♡・アクセル★

❸自分を認める（自尊感情を育む）

　自分自身の「ジョハリの窓」が完成し，ある程度の自己認識を踏まえて，最後に自分自身の長所と短所を挙げさせます。もちろん外見や容姿のことではなく，内面についてです。そしてそこで挙がってきた短所についてみんなで考えるグループワークを行います。考えるポイントは「短所を言い換えて長所に変えよう」，いわゆるリフレーミングです。例えば，「あきらめが悪い」は「粘り強い」，「強引」は「行動力がある」などです。ここでは一人の短所を言い換える言葉をメンバー全員で考えます。なかなか難しい場合もあるので，ワークシートには言い換えのヒントになるような言葉を載せておきます。

　その際に，4人グループのそれぞれのワークシートには別々のヒントが書かれているようにします。手間はかかりますが，こうすることでそれぞれが自分の意見をもちやすくなり，参加意識が上がります。普段あまり意見の言えない生徒でも自分の意見をもつことで，ほんの少し勇気が湧くことでしょう。手間といってもその部分を4パターンつくるだけなので，大した手間ではありません。実はこの言い換えのヒントになるような言葉も，所見文例集などを見ると使えそうなものがたくさんあります。少し手間を加えるだけでグループワークが活性化するのであれば，その効果は決して少なくないはずです。

さきがけ♥・アクセル★

4 キャリア教育を指導することの意義

　1年生のキャリア教育の意義は，いかに自分自身と向き合わせるかにあります。地道な活動かもしれませんが，向き合う回数が多ければ多いほど，自己理解や自己形成は高まっていくでしょう。現代の中学生は昔と比べて多忙です。週5日間の中にぎっしりと詰め込まれた授業の他に部活動や塾があります。さらには携帯電話やスマートフォンの普及により，一人でいる時間も減りました。残念ながら，自分自身と向き合う時間はそう多くはありません。だからこそ，学校教育で時間を割く必要があると言えます。

　この種まきとも言える地道な活動が来年，再来年のキャリア教育に生きてくるはずです。職業体験，上級学校訪問あるいは社会人講話においても，生徒自身の自己理解や自己形成がどこまで進んでいるか，さらにはそれを土台にした職業観がどの程度育まれているかによってその効果には大きな開きがあるでしょう。また，職場体験などの取り組みは学年単位で行うものであって，担任の裁量や実際に学級の生徒に関われる機会はそう多くはありません。だからこそ，1年生のうちに「キャリア教育」を受けるための基礎を培っておく必要があるのです。

（渡部　陽介）

【参考文献】児美川孝一郎『キャリア教育のウソ』ちくまプリマー新書，2013

資料1　診断テスト

資料3　ワークシート

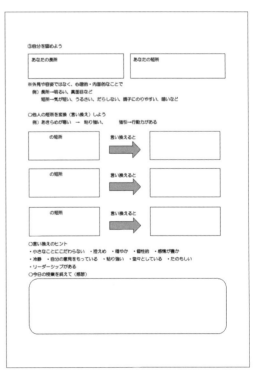

資料2　診断テスト結果

あとがき

　かつて地元の中学校国語教師が集まって「研究集団ことのは」を結成しました。既に四半世紀も前のことです。国語の授業はどうあるべきか，国語学力とは何なのか，国語教育はどのような理念のもとに成立したのか，将来の国語教育はどうあるべきだろうか，そんなことをみんなで議論しながら四半世紀を過ごしてきました。サークル共著も数十冊を数えるまでになりました。メンバーはいろいろと入れ替わってきましたが，私の教員人生は「研究集団ことのは」とともにあったと言って過言ではありません。

　2015年度，教員生活25年目に中学校の学級経営を研究するサークルを立ち上げました。私の現勤務校の同僚，元同僚，「研究集団ことのは」の活動の中で知り合った国語科以外の教師たちを集めた研究サークルです。活動は既に３年目を迎えますが，実はいまだにこのサークルには名前がありません。そしてこのサークルで既に『中学校・学級経営すきまスキル』『中学校・生徒指導すきまスキル』（ともに明治図書）を上梓させていただきました。本シリーズの学年別３冊はこのサークルによる３〜５冊目のサークル共著ということになります。

　サークルは月１回の定例会を行いながら，主に原稿検討を中心に進められます。私や山下くんなど，原稿を書き慣れているメンバーがいる一方で，商業誌の原稿や本の原稿など書いたこともないというメンバーがたくさんいました。しかし，面と向かって喧々諤々と議論することを３年近くも続けているうちに，メンバーの原稿の質は著しく高まってきます。メンバーの平均年齢は40歳前後といったところですが，いまでは私や山下くんが驚くような発想・着想で原稿を提出するメンバーさえ現れ，人というものは幾つになっても機会さえあれば著しい成長を示すものなのだということを改めて実感させられました。そんなことを感じていると，私たちよりもはるかに柔軟な発想力をもつ生徒たちに対して，「この子はこの程度」「この子はこのくらい」と知らず知らずのうちに限界を規定してしまっている自分の愚かさ，浅ましさに空恐ろしささえ感じます。その人の成長を信じ，丁寧に説明し議論を重ねれば，人はどこまでも成長し続けるのです。おそらくは五十を超えた私でさえ……。この視座に立つことができたことだけでも，このサークルを立ち上げたことが私にとって大きな意味があったのだと実感します。

　ここまでを読んで，若い先生はもしかしたら私のサークルメンバーを羨ましく思われるかもしれません。偶然にも堀先生と同僚になったり研究会で出会ったりしたからこそ，一緒に実践研究する機会に恵まれ，本を出す機会にも恵まれているのだと。しかし，正直に言うと，私はかつて同僚だった人たち，かつて出会った人たちのすべてに声をかけたわけではありません。私が出会った人たちのうち，私が優秀だと感じていた人たちにしか声をかけなかったのです。私が「優秀だ」と感じるのは，いわゆる「仕事ができる」ということではありません。もちろんメンバーはみな，仕事のできる人たちであり，各学校で中心的に働いている人たちではある

のですが，そんなことは前提に過ぎなくて，実は「それ以上」をもっているからこそ私はお願いしてサークルに入ってもらったのです。

「それ以上」とは，簡単に言えば「独自の発想力」「独特の着想」をもっていると予感させられた人，ということです。「学校教育の論理，職員室の論理に流されていない人」と言ったらわかりやすいかもしれません。

実は原稿というものは，「学校の論理」「職員室の論理」を相対化する視点をもたなければ書くことができません。「教育の可能性」とともに「教育の不可能性」を視野に入れなければ教育に関する表現などできません。「自分にできること」とともに「自分には決してできないこと」までも視野に入れなければ実践論など書けません。他の人が使いこなし，成功している技術だからといって，必ずしも自分が使えるわけではない，それはキャラクターや能力によるのであり，「自分の限界性」を措定するところから初めて有益な表現が生まれるのだということを腹の底から実感することにもなります。「万能の教育理念」「万能の心構え」「万能の教育技術」などというものはないということを，抽象的ではなく具体的なレベルで実感しないことには表現などできない。それを知れば知るほど，実は表現の質が高まる。表現の経験を積んでいくということは，実はこうした蟻地獄のような経験を重ねていくということなのです。

この視座に立つと，職員室の各々がそれぞれどのような立場の，どのような視点から発言し行動しているのかということがよく見えてきます。と同時に，職員室の構造的な矛盾も具体的に見えてくるようになります。しかもその矛盾を言葉で説明し，説得し，改善しようにも，このような視座に立っていない人たちには絶対に理解されません。次第に，顔は笑っているけれど，いつも職員室で孤独に苛まれている，そんな状態に陥ります。声に出して説得することによってでなく，環境を少しずつ変えることによってソフトランディングを目指すようになっていきます。しかも，しつこいようですが，顔では笑いながら……です。「孤独」というよりは「孤高」という言葉の方がわかりやすいかもしれません。サークル結成から３年が経ち，そろそろメンバーの中にそうした境地に立ち始める人も現れ始めました。私はそんな彼ら彼女らを見るとき，しなくていい苦労をさせてしまっているな……と責任を感じます。

私の言いたいことがおわかりでしょうか。こうした視座を得たとき，優秀な人間はこのように悩みます。優秀でない人間は驕り，高ぶり，調子に乗ります。自分のサークルからそうした人間は絶対に出したくない。私のせいでそうした驕った人間にしたくない。私にはそんな思いが強くあります。そしてそうならない人たちにだけ声をかけたのです。

本シリーズはこの名もなきサークルにとって，まだまだ序章に過ぎません。まずは一応まとまった形として第一弾が提出された。そう思っていただければ幸いです。

沢田研二／明星—Venus—を聴きながら……

2017年12月11日 堀　裕嗣

【編著者紹介】

堀　裕嗣（ほり　ひろつぐ）

1966年北海道湧別町生。北海道教育大学札幌校・岩見沢校修士課程国語教育専修修了。1991年札幌市中学校教員として採用。1992年「研究集団ことのは」設立。『スペシャリスト直伝！教師力アップ成功の極意』『【資料増補版】必ず成功する「学級開き」魔法の90日間システム』『中学校　学級経営すきまスキル70』『中学校　生徒指導すきまスキル72』（以上，明治図書）など著書・編著多数。

【執筆者一覧】（掲載順）

堀　　裕嗣	北海道札幌市立幌東中学校
山﨑　　剛	北海道札幌市立太平中学校
高村　克徳	北海道札幌市立篠路西中学校
渡部　陽介	北海道札幌市立新琴似中学校
長尾　由佳	北海道札幌市立幌東中学校
高橋　美帆	北海道札幌市立北白石中学校
髙橋　和寛	北海道札幌市立札苗中学校
高橋　勝幸	北海道栗山町立栗山中学校
新里　和也	北海道札幌市立北白石中学校
河内　　大	北海道室蘭市立桜蘭中学校
北原　英法	北海道室蘭市立桜蘭中学校
山下　　幸	北海道札幌市立平岡中央中学校

必ず成功する学級経営
365日の学級システム　中学1年

2018年3月初版第1刷刊　ⒸC編著者　堀　　　裕　嗣
　　　　　　　　発行者　藤　原　光　政
　　　　　　　　発行所　明治図書出版株式会社
　　　　　　　　　　　　http://www.meijitosho.co.jp
　　　　　　　　（企画）及川　誠（校正）西浦実夏
　　　　　　　　〒114-0023　東京都北区滝野川7-46-1
　　　　　　　　振替00160-5-151318　電話03(5907)6704
　　　　　　　　ご注文窓口　電話03(5907)6668
＊検印省略　　　　　組版所　株式会社アイデスク
本書の無断コピーは，著作権・出版権にふれます。ご注意ください。

Printed in Japan　　　　　ISBN978-4-18-292115-5
もれなくクーポンがもらえる！読者アンケートはこちらから →